KB120901

링컨처럼 생각하는 홈스쿨

아이를 읽어 주는 이야기

Mother of storytelling

아이를 읽어 주는 이야기

링컨처럼 생각하는 홈스쿨

초판 1쇄 인쇄일 2018년 5월 29일
초판 1쇄 발행일 2018년 6월 6일

지은이 우현경
펴낸이 양옥매
디자인 표지혜 송다희
교 정 조준경

펴낸곳 도서출판 책과나무
출판등록 제2012-000376
주소 서울특별시 마포구 방울내로 79 이노빌딩 302호
대표전화 02.372.1537 **팩스** 02.372.1538
이메일 booknamu2007@naver.com
홈페이지 www.booknamu.com
ISBN 979-11-5776-557-7(03370)

이 도서의 국립중앙도서관 출판시도서목록(CIP)은 서지정보유통지원 시스템 홈페이지(http://seoji.nl.go.kr)와 국가자료공동목록시스템(http://www.nl.go.kr/kolisnet)에서 이용하실 수 있습니다.
(CIP제어번호: CIP2018014292)

MOTHER OF STORYTELLING

아이를 읽어 주는 이야기

링컨처럼 생각하는 홈스쿨

두 아들 사교육 없이 키운 한 엄마의

#놀이 #언어 #독서법 #대화법 노하우

우현경 지음

책과나무

프롤로그

두 아들 사교육 없이 키운 한 엄마의 놀이 · 언어 · 독서법 · 대화법 노하우

여유 있는 품속에 아는 만큼 보이기 시작하고 상상한다.

아직 겨울이 가기에는 이를 것 같은 2월 중순이었다. 요란스럽다 못해 시끄러운 저녁을 만드는 개구리 울음소리에 봄이 다가오고 있음을 느낀다. 요란한 며칠 밤을 보내고 아이들과 산책을 하며 논두렁을 걷던 중 큰아들 명도가 "엄마! 개구리 알집이에요." 한다.

"어디, 어디?" 하며 목을 뺀 동생 명훈이에게 "저기!" 하며 손가락질을 하던 명도가 논두렁 옆, 고랑 옆으로 발걸음을 옮긴다. 그러던 중 "엄마! 도롱뇽 알도 있어요." 하며 소리를 지른다. 순대 모양의 투명한 알집 주머니에 검은 점들이 박혀 한눈에 보아도 개구리 알집과는 달라 보였다. 사실 나도 도롱뇽 알을 본 건 처음이었다.

"형아! 저기에도 있어." 하며 흥분한 아이들의 목소리와 표정만으로도 아주 소중하고 대단한 걸 발견했다는 것을 알 수 있었다. 둘은 어느새 "엄마! 만져 보고 싶어요." 하며 호기심 가득한 얼굴로 논두렁에 배를 깔고 엎드려 도랑의 도롱뇽 알집을 향해 손을 뻗는다. 이내 감격스러운 얼굴로 도롱뇽 알을 두 손에 들고 "엄마! 이거 보세요." 한다. 아직 공기는 차지만 햇볕을 쬐며 그런 아이들을 바라보는 것만으로도 여유롭고 편안하다.

첫아이 명도를 낳은 후 설렘과 기쁨도 잠시, 명도가 사경(斜頸) 진단으로 1년이 넘게 치료를 받으면서, 큰아이와 불과 20개월밖에 차이가 나지 않는 둘째 명훈이를 함께 키우며, 두 아이를 어떻게 돌봐야 할지 고민하고 또 고민했던 그때를 뒤돌아보지 않을 수 없다. 또한 영아기 때 수유하고, 재우고, 이유식을 하는 단계를 넘어서면서부터 더 어렵고 중요한 과정들이 기다리고 있었다. 많은 시행착오와 함께, 이것이 올바른 육아인지 몰라 서툴고 답답하기 그지없었다. 많은 책들을 보면서 현실적으로 어떻게 하는 것이 맞는지를 고민하던 중에 큰아이가 '분리 불안' 증세를 보여, 결국 홈스쿨링을 결심하게 되었다.

영유아기는 개월 수에 따라 매우 큰 흐름과 차이가 있기 때문에 연령별 발달 과정을 잘 이해해야 하며, 이러한 발달 과정과 함께 부모, 특히 주 양육자의 교육 방향이 중요하다.

내가 자연으로 눈을 돌린 건 나이 차이가 크지 않은 두 아들 때문이었다. 연령이 다르다 보니 힘의 조율이 맞지 않아 집안에서는 늘 싸움의 연속이고 짜증의 연속이었다. 그래서 폭력성을 완화하고 공격성을 떨어뜨리기 위해서였다.그렇게 시작한 자연 놀이는 자연 교육으로 이끌며 책과 연계를 시켜 밖에서 본 곤충을 책에서 찾아보고, 들에 핀 꽃을 보고 꽃 이름을 찾아가며 특징들을 알아가자 아이가 자연을 관찰하며 깊게 느끼고 감상한다는 것을 알았다.

자연에서 놀았다고 교육이 이루어지는 것은 아니다. 시골에 살면서 매일 자연에서 놀았던 아이가 도롱뇽이 어떻게 생겼는지 모르고, 무당벌레가 곤충인지 모르는 것은, 그냥 열심히 놀기만 했을 뿐 교육으로 연계된 놀이가 아니다. 물론 자연에서의 놀이는 그 자체만으로도 정서적으로, 또한 감성적으로 아이를 성장시킨다. 적어도 취학 전까지 부모가 그 역할을 충분히 할 수 있다고 생각한다. 부모가 조금만 이끌어 주어도 아이는 크게 성장할 수 있다.

가을을 안고 가는 철새

정명도

철새는 가을을 안고 간다
남쪽 따뜻한 곳으로 가을을 안고 간다
그러는 철새

가을은 무거울 것이다
낙엽도 담아가고
단풍도 담아가고
산들산들 바람도 담아가고
그러는 철새

떼 지어 다니는 철새
그 철새들은 가을을 안고
따뜻한 남쪽으로 간다

– 7세 때 큰아이 명도가 지은 시

자연은 아이들에게만이 아니라 엄마에게도 중요하다. 아이들과 하루 종일 함께 있는 엄마가 행복하지 않으면 아이도 행복해질 수 없다. 엄마가 먼저 행복해야 한다. 그러나 육아를 하는 엄마가 언제나 기쁘고 행복할 수만은 없다. 그런 엄마에게 자연은 여유와 넉넉함을 준다. 엄마가 넉넉하고 편안해야 아이의 지금을 있는 그대로 바라볼 수 있고, 아이를 사랑으로 대할 수 있다.

"아이들은 무조건 놀아야 해."라고들 하지만 아이가 바깥 놀이를 좋아한다고 하루 종일 바깥 놀이만 할 수는 없는 일이다. 아이도 휴식시간이 필요하다. 밖에서 에너지를 다 쓰고 온 아이는 스스로 무언가 할 수 있는 일이 있어야 한다. 그래서 책을 읽으면서 에너지를 충전할 수 있도록 만들었다.

영유아기 교육은 언어, 수, 과학, 미술, 신체 활동 등의 영역으로 따로 구분하여 하나만 할 수 있는 시기가 아니다. 인지 교육과 함께 책 읽기도 하고, 수 교육과 미술 교육도 하며 신체 활동이 이루어지는 통합 교육의 시기이지 어떤 한 영역만을 교육할 수 있는 단계가 아니다.

아이들을 키우면서 인지 발달과 소근육 발달, 미술 놀이, 자연 놀이, 한글 교육 방법들과 책 읽기의 방법, 부모 교육 등과 관련된 여러 책들과 정보들을 찾아야 했다. 그리고 또한 엄마들이 아이들을 키우며 매번 이러한 정보들을 찾는 것이 쉽지 않을뿐더러, 제대로 된 정보를 찾는 방법을 몰라서 못하는 경우가 대부분이다.

하루 종일 홈스쿨링을 할 수도 있지만, 아이들이 어린이집, 유치원을 다녀온 이후의 시간들을 어떻게 보낼지 고민하는 부모들도 많이 있다. 이 시기만큼은 사교육 없이, 조기 교육이나 영재 교육도 아닌, 스트레스를 받지 않고 천천히 자연과 함께 부모와 알아가는 교육을 한다면 부모들도 아이들과 행복한 시간을 만들어 나갈 수 있을 것이다.

아이들과 함께 있는 시간이 힘들고 답답할 때가 있다. 아이는 언제나 똑같은 모습에 똑같은 행동을 하는데도 어떨 땐 아무렇지도 않았지만 어떨 땐 도대체 그 꼴을 봐 줄 수가 없는 나를 보았고, 특히 마음이 조급하고 여유롭지 못할 때는 똑같은 꼴도 똑같지가 않았다.

그래서 육아를 하면서 가장 필요했던 건 지식과 테크닉이 아닌 조급하지 않고, 지금 이 순간을 즐기며, 여유롭고, 넉넉함으로 아이의 소리에 귀 기울여 함께 듣고 함께 웃을 수 있는 마음이었다.

그래야지만 부모에게 어느 순간도 소중하지 않은 시간이 없고 아이는 행복한 아이가 되는 것이며, 더불어 가족, 그리고 내가 행복해질 수 있다.

끝으로 나의 아들로 태어나 준 명도, 명훈이에게 고맙고 사랑한다고 전하고 싶다. 두 아들 덕분에 생각이 아닌 마음으로 또 다른 세상을 알았다. 그리고 나의 육아를 믿고 끝까지 지지해 주고 응원해 주며 아낌없이 도와준 남편에게 진심으로 감사와 사랑을 전하고 싶다.

2018년 5월

우현경

목차

#놀이
#언어
#독서법
#대화법

—

"언니! 나 요즘 잠 때문에 못 살겠어."

"왜?"

"밤마다 울어."

"병원 갔다 와서 더 심해졌어. 언제 안 울어?"

"엄마! 배고파요. 배고파!"라고 사인(sign)을 보내지만
부모가 알아듣지 못해서, 혹은 알고 싶지 않아서,
혹은 아이를 길들이기 위해 무시한다면
아이는 부모와의 첫 번째 소통에서부터 외면당하는 경험을 하게 된다
때로는 아이를 향한 부모의 돌봄과 가르침이
강자에서 약자로의 일방통행이 되고 있지는 않은지 돌아보며,
아이의 입장에서 한 번 더 생각한다면 아이와 소통하는 더 나은 방법을
찾을 수 있을 것이다

아이를
읽어 주는
이야기

Mother of storytelling

생각만큼 아주아주 사랑스럽지가 않아

오가며 쌓이는 사랑

큰아이 명도가 태어나고 아이의 존재가 일상으로 받아들여질 무렵 "아! 밤에 똥 좀 제발 안 쌌으면 좋겠다."라고 남편에게 말하자

"그러게…." 한다.

자다가 똥 치우는 일은 정말이지 힘들었다. 밤에 자고 있다가 갑작스러운 아이의 울음소리에 '똥은 아니길….' 하며 비몽사몽간에 기저귀를 살펴보면 어김없이 '똥'. 그러나 한 달이 넘어가면서부터 밤에 똥 싸는 일이 서서히 없어졌다.

그러던 어느 날 남편에게 "모성애가 부족해서 그런가? 생각만큼 아주아주 사랑스럽지가 않아. 엄마의 자질이 없는 건가?" 하자 "나도 그냥 돌봐줘야 하니까 하는 거지. 그러네…."라고 한다.

우리는 그때 알았다. 처음 만난 이 아이와 똥 기저귀 갈고 오줌 기저귀 갈며 엉덩이 토닥이고, 분유 주며 눈 마주치고, 목욕하며 엄마 아빠 손가락을 손으로 꼭 움켜쥐는 아이를 바라보며 몸 구석구석 쓰다듬어 주고, 입술 한번 씰룩하며 웃어 주면 행복해지고, 울음소리 들으면 내 몸 고단해도 달려가는 그 마음들이 모여 사랑을 만든다는 것을….

그냥 내가 낳았으니까, 엄마가 되었으니까, 아빠가 되었으니까, 사랑이 저절로 샘솟는 것이 아니라 사랑도 주고받고 오가며 쌓여야 비로소 사랑이 된다는 것을….

아이를 키우기 전에는 옆에 있는 아기가 똥을 싸면 "어! 여기 애 똥 쌌어!"라고 말하며 피하기 바빴는데, 내 자식이 똥을 싸니 행여 엉덩

이 짓무를까 봐 "똥 다 쌌어? 아이고, 시원해라." 달려가 새 기저귀로 갈아 주기 바쁘게 되었다. 이런 게 사랑을 만들어 가는 과정이 아닐까?

사실 아이가 태어났을 때 엄마가 하는 것은 모유 주고, 기저귀 갈고, 씻기고 옷 갈아입히는, 어찌 보면 그리 많은 일이 있는 것이 아님에도 불구하고 피곤하고 힘들다. 출산 후 호르몬의 변화와 몸이 완전하게 회복되지 않은 탓도 있지만, 이 새로운 상황을 받아들이고 아이를 돌보는 일에 익숙해지는 데 시간이 필요하고, 적응이 필요하기 때문이다. 하다못해 새로운 직장에 들어가도 3개월 정도는 적응을 하는 기간이 필요한데, 아이를 낳아 기르는 부모의 역할에 적응하기까지 많은 시간이 필요한 것은 어쩌면 매우 당연한 일이다.

둘째 명훈이가 태어나 누워서 잠만 자는 신생아 때가 제일 편하게 느껴지고, 아이를 온전히 사랑해 줄 수 있는 나를 보며 이미 적응이 되었구나 싶었다.

밤마다 울어

시기별로 예민하게 잠자는 아이에게

"언니! 나 요즘 잠 때문에 못 살겠어."

"왜?"

"밤마다 울어."

"병원 갔다 와서 더 심해졌어. 언제 안 울어?"

21개월 된 조카가 2주 전 장염과 인후염으로 인해 잘 먹지 못하여 탈수로 링거를 맞고 나서부터의 이야기다.

"너, 힘들겠다. 난 아직도 그런다." 하자 "끔찍하다."하며 서로 웃었다.

"안고만 자래. 그래서 안고 자다 살짝 내려놓으면 깨."

"애가 많이 힘들었나 보다."

"그랬나 봐. 옛날에는 아빠하고 놀 때 마트도 갔다 왔는데 이제는 안 떨어지려고 해. 하루 종일 감시를 하고 있어."라며 동생이 웃는다.

"이럴 때 더 잘해 줘. 불안해서 그래. 제 딴에는 주삿바늘 꽂는 것이 큰 충격이었겠지." 하며 전화를 끊었다.

사실 명도를 키우면서 제일 힘들었던 것은 잠이었다. 돌 지나기 전에

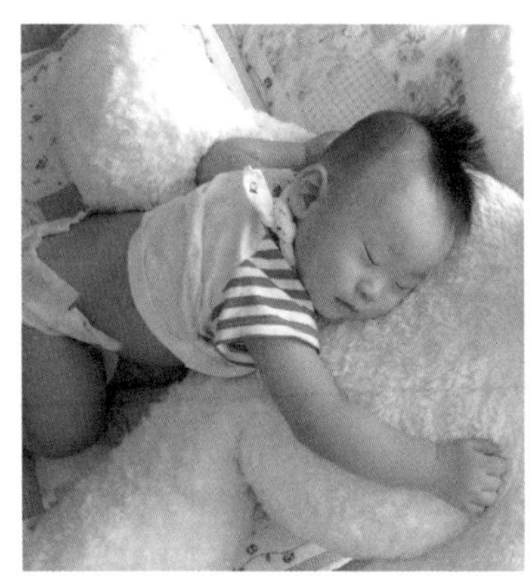

는 자다가 10번 정도 일어났고, 물론 사경 치료로 인해 일어나는 일이 많았지만 돌 지나고 나서는 5번으로, 그리고 세 돌이 지나서는 1~2번으로 줄었다. 그야말로 내 몰골은 빨랫비누로 세수한 얼굴로 몇 년을 보냈다.

아이들을 키우면서 '아! 자다가 일어나지 않고 다음 날 아침에 눈을 떠 봤으면 좋겠다.' 하며 간절한 마음으로 잠을 청했다. 신생아 때는 배가 고파서 일어나거나, 기저귀가 많이 젖었거나, 너무 덥거나 춥거나, 아파서 자다가 우는 경우가 있었다. 그리고 목이 말라 물이 먹고 싶어서 울 때도 있었다.

걸음마를 시작하고 나서는 걷는 연습을 너무 하여, 자다가 울 때 다리를 마사지해 주면 편안하게 잠이 들었다. 그리고 조금 더 자란 후에 잠꼬대를 너무 심하게 하고 꿈을 현실로 받아들여 울음을 터뜨릴 때는 "명도야! 꿈이야. 일어나!" 하며 아이를 깨워 일으키고 달래서 다시 재웠다.

그리고 세 돌이 지나서부터는 자기 전 "명도야! 자다가 울지 말고, 오줌 마려우면 말로 해. 그리고 엄마랑 아빠는 명도 옆에 있어."라고 미리 말을 해 주었다. 그러면서 조금씩 자다가 우는 횟수가 줄어들었지만 단번에 좋아진 것은 아니었다.

둘째 명훈이는 명도처럼 잠에 있어서 예민하지 않은 아이였다. 그래서 자다가 울어도 바로 반응하지 않고 조금 기다렸다. 그러면 다시 잠이 들 때도 있고, 그래도 계속 울면 기저귀를 확인하고 더운지, 추운지, 열이 있는지를 확인했다. 하지만 명도와 달리 명훈이는 아프면 꼭 안겨서 잠을 자고 싶어 했다. 그러면 안고 밤을 새우기도 하고 남편과 돌아가며 안고 잠을 잤다.

'밤에 안 깨고 4시간 이상 자 봤으면 소원이 없겠다.'는 말을 주술처럼 외우던 어느 날 드디어 그런 날이 왔다. 그러나 그런 날은 명도가 6살이 될 때까지 손가락으로 꼽을 정도였다. 그리고 분명한 것은 잠자는 습관은 훈련으로 개선될 수도 있지만 타고나는 부분이 있다는 것이다.

물론 엄마를 아주 편안하게 해 줘서 5~6개월부터 저녁 모유 수유를 끊고 저녁부터 다음 날 아침까지 잘 자는 아기들도 있다. 심지어 아이를 재우고 영화를 보러 갔다는 엄마도 있다. 세상에서 제일 부럽고 복 많은 엄마라고 생각한다.

명도가 39개월이 넘은 어느 날 "명도야! 프랑스 아이들은 엄마랑 같이 안 자고 따로따로 방에서 잔대!"

"동물이야?"

엄마 없으면 죽는 줄 아는 명도의 어찌 보면 당연한 반응이다.

"밥도 돌아다니지 않고 코스 요리를 먹는다네."라고 이야기하자 옆에 있던 남편이 "북한 애들도 그래."라고 한다.

그 이야기를 듣고 보니, 엄마 입장에서 보면 참 편하겠지만 아이의 입장에서 생각해 보면 태어난 지 얼마 되지도 않았는데 벌써 혼자라는 것을 경험해야 하는 건지 안타까운 생각도 들었다. 또한 24개월 된 아이가 코스 요리를 먹게끔 하는 과정에서 얼마나 많은 강압적인 힘이 작용했는지도 짐작해 볼 수 있었다.

물론 식사 시간에 아이가 제멋대로 돌아다니도록 그대로 두는 것도 바람직한 모습은 아니다. 그러나 배가 고프다고 악을 쓰며 울어 봐도 시간에 맞춰 모유를 주기 위해 그 말을 무시하고, 혼자의 두려움이 무서워 눈물로 호소해도 외면한다면 아이를 길들일 수는 있을 것이다. "엄마! 배고파요. 배고파!"라고 사인(sign)을 보내지만 부모가 알아듣지 못해서, 혹은 알고 싶지 않아서, 혹은 아이를 길들이기 위해 무시한다면 아이는 부모와의 첫 번째 소통에서부터 외면당하는 경험을 하게 된다. 때로는 아이를 향한 부모의 돌봄과 가르침이 강자에서 약자로의 일방통행이 되고 있지는 않은지 돌아보며, 아이의 입장에서 한 번 더 생각한다면 아이와 소통하는 더 나은 방법을 찾을 수 있을 것이다.

명도는 5살부터 "나는 밤이 싫어요. 놀 수 없잖아요."라며 밤에 잠을 자는 것을 싫어했다. 그러나 잠을 자지 않으면 반드시 입안이 헐거나 감기에 쉽게 걸렸다. 그래서 잠의 중요성을 일깨워 주는, 즉 잠이 왜 필요한지에 대한 책을 읽어 주며, 싫어도 받아들일 수 있는 타협점을 찾아갔다.

그리고 잠들기 30분 전 혹은 1시간 전에 "이제 잠들기 30분 전이다." 라고 미리 이야기를 해 주었다. 그러면서 자야 할 준비들을 마음속으로 할 수 있도록 돕고, 충돌을 최소화해 나갔다.

캐나다의 경우 어린이들의 잠자는 시간을 저녁 7시 30분에서 8시 전으로 정해 놓고 있다고 한다. 아이들의 건강을 위해서다. 그러나 우리나라 대부분의 어린이들(5~7세)은 밤 9시를 훌쩍 넘긴다. 그러다 보니 아침에 일어나기 힘들어지고, 어린이집이나 유치원에 다니는 아이들은 아침마다 '잠과의 전쟁'을 벌인다.

6세, 8세 남매를 둔 엄마가 "나도 8시 30분에 재우고 싶지. 그런데 자라고 해도 안 자!"라고 한다.

"다 불 끄고 누워야지."

"나는 할 일이 많으니까 해야지."

"그러니까 안 자지. 나 같아도 안 자겠다. 밖에서 엄마는 불 켜고 돌아다니는데, 아이들이 잠이 오겠어?"

"아! 다 소등을 해야 하는구나."

이미 습관이 되었다면 모를까, 아이의 입장에서 잠을 잘 잘 수 있는 환경을 만들어 주는 것이 필요하다.

3 무당벌레, 무당벌레구나. 안녕!

책 읽어 주기의 시작, 그림책

"이게 뭘까? 빨간색 위에 검정 동그라미가 있네."

카시트에 앉아 있는 명도에게 손가락을 잡고 검정 동그라미를 가리키며 책 위에 손을 대고 그려 주었다. 그러자 말똥말똥하게 쳐다본다.

"무당벌레, 무당벌레구나. 안녕!"

'이게 뭐지?' 하는 얼굴이다. 다음 장을 넘겼다.

"무당벌레가 앉아 있는 이 초록색은 뭘까?" 다음 장을 넘기며,

"나뭇잎, 나뭇잎이구나." 또 그다음 장을 넘겼다.

"그런데 명도야! 이 나뭇잎 위의 하얀 점은 뭘까?" 명도의 손가락을 그림 위에 가져다 대며 하얀 점을 가리켰다. 다음 장을 넘겨,

"구멍. 아, 구멍이구나! 이 구멍은 누가 만들었을까?" 나뭇잎 구멍 사이에 보이는 진딧물의 머리를 가리키며 "이건 뭘까?"라고 물어보면서 다음 장을 넘겼다.

"진딧물. 이 진딧물이 나뭇잎을 갉아먹어 커다란 구멍을 만들었대. 이 진딧물을 잡아먹는 것은 누구지?" 검은색 무당벌레의 머리 그림이 책 귀퉁이에 보인다.

"무당벌레. 무당벌레가 진딧물을 잡아먹어. 이렇게 예쁜 꽃밭을 만들어 벌과 나비도 꿀을 따 먹을 수 있는 거야."라고 하며 벌, 나비, 꽃, 무당벌레 등의 단어를 말할 때마다 명도의 손가락을 얹어 하나씩 하나씩 짚어 주었다.

사경 치료를 위해 병원으로 가는 차 안에서 잘 자고 일어나 기분이 좋은 명도에게 처음으로 보여 준 그림책『무당벌레』.

처음에는 글자를 읽어 준 것이 아니라 그림을 읽어 주고 보여 주었다. 책과 친숙해질 수 있도록 돕고, 아이의 인지 발달을 촉진하기 위해서였다. 여기저기서 구한 책들과 직접 구입한 책 8권으로 시작했다.

책을 보면서 책장을 넘기려고 할 때는 글을 다 읽으려고 하지 않고 그냥 '슝슝' 하며 책장 넘기기 놀이도 하고 빨아 먹기(?)도 하는 시간들을 보냈다.

책을 읽기 싫어서가 아니라 그냥 그렇게 노는 것이 재미있어서 그런 것이다. 그렇게 돌이 지나고, 어느 날 일찍 눈을 뜬 명도가 무얼 하나 지켜보니 책을 꺼내 혼자 책을 보고 있었다. 명훈이도 그랬다. 사실 아이들이 지내던 방에는 장난감이 3~4개 정도밖에 없었다. 눈에 안 보이는 곳에 넣어 두고 필요할 때마다 꺼내 사용했다. 그러면서 명도와 명훈이는 책을 재미있는 장난감으로 여기며 점점 책과 친해져 갔다.

첫 생일인데 잔치를 해 줘야 안 서운하지!

보이는 잔치가 아니라 누군가에게 행복을

명도의 첫 생일이 다가오자 어떻게 생일 축하를 해 줘야 할지 고민이 되었다. 아무 탈 없이 1년을 무사히 보낸 아이를 위한 날이라고 막연히 생각했는데, 아이를 키워 보니 '열두 달 동안 엄마, 아빠로서의 첫걸음을 잘 해냈구나. 애썼구나.' 싶어 부모의 날이라는 생각도 들었다.

아는 언니는 "그래도 아이 첫 생일인데 잔치를 해 줘야 안 서운하지!"라며 조언을 해 주었다. 그런데 남의 집 돌잔치가 마지못해 가는 행사로 여겨졌던 기억과 함께 뭔가 특별하고 의미 있는 것을 해 주고 싶은 마음이 우리 부부를 망설이게 했다.

결혼 전 『꽃으로도 때리지 말라(김혜자 지음)』라는 책을 읽으며 "우리는 나중에 결혼반지는 절대로 다이아몬드로 하지 말자."라고 했는데 친정 엄마의 생각은 달랐다.

"여자는 결혼 때 다이아몬드 반지 안 받으면 평생 못 받아."

난 상관없다고 했지만 나의 반대가 친정 엄마에게는 남편이 해 주기 싫어서 그런 것처럼 비쳐졌다. 우리는 다이아몬드 반지를 하면서 "나중에 의미 있는 일에 쓰자."라고 하며 잘 간직해 두었다.

남편과 나는 상의 끝에 돌잔치는 가족들만 함께 하기로 결정을 했다. 그리고 우리는 그 반지를 팔아 '삼동인터내셔널'을 통해 저개발국가를 대상으로 한 우물 파기 사업에 기부를 하기로 하였다. 그런데 그곳에서 연락이 왔다.

"우물 파기보다는 쓰레기 더미에서 먹을 것을 찾아 헤매는 집 없는 아이들에게 집을 지어 주는 사업에 기부를 해 주시면 어떻겠어요?"

인도 영화 「슬럼독 밀리어네어」에서 쓰레기 더미를 뒤지며 음식을 찾던 아이의 모습이 떠올라 우리 부부는 망설임 없이 승낙을 했다. 나중에 삼동인터내셔널에서 다시 연락이 왔다. 그 기부금으로 해당 지역에 전통 가옥 5채를 지었다고 한다.

사실 그 반지는 5년 전 우리가 샀을 때보다 금값이 조금 올라 몇 만 원을 더 받긴 했지만 그리 큰 액수는 아니었다. 단지 아이가 태어난 일만으로도 감사하고 축복할 만한 일이지만 이 아이로 인해 세상이 좀 더 밝고 따뜻해지기를, 또한 아이가 건강하게 자라서 세상에 도움을 주는 사람이 되기를 바라는 마음이었다. 그래서 눈에 보이는 잔치보다는, 이 아이로 인해 작지만 누군가에게 행복을 만들어 주고 싶었다.

콸콸콸

부잡스러운 게 아니라 호기심 많은 아이

'콸콸콸' 물소리가 나 화장실을 쳐다보니, 명도가 수도꼭지에서 흐르는 물에 손을 대며 씩 웃는다.

"명도야!" 벌써 비누를 손에 들고 문지르려 한다.

"비누칠을 할 때는 물 잠그고 하는 거예요."

물을 잠그자 명도가 다시 물을 튼다. 그래서 세면대에 물을 받아 주었다. 조금 지나 세면대가 철철 넘쳐 흘러내려 물을 잠그려 하자 그 넘치는 물에 바가지를 가져다 댄다. 그 물을 받아 다시 양동이에 옮긴다. 그 사이에 놀이를 하나 만들어 집중하고 있는 명도를 지켜봤다.

돌이 지나 발걸음이 자유로워지면서부터 명도는 언제나 물이 있는 곳으로 향했다. 화장실 문틈만 살짝 열려 있어도 벌써 수도꼭지에서 물이 쏟아지는 소리가 들렸다.

그래서 아예 큰 대야에 물을 받아 놀 수 있게 해 주었고, 조금 더 크자 대형 물놀이 풀장에 물을 받아 주었지만, 명도가 받아진 물은 싫어하고 수도꼭지에서 흐르는 물만 좋아하게 되면서 그야말로 '물과의 전쟁'이 시작되었다.

나는 '그래, 이때 아니면 언제 하겠어.' 하며 그냥 둘 수 있었지만, 시부모님과 함께 살면서 아버님의 눈치를 안 볼 수가 없었다. "물 아

깝게 수도를 계속 틀어 놓는다."며 야단이셨다. 심지어는 수도 밸브를 잠가 단수를 시켜 놓으신 적도 있었다.

명도는 자꾸 발전(?)해 가르쳐 주지도 않았는데 야외의 수도꼭지를 좌우로 돌리는 방법을 터득하여 수압을 조절하고 호스로 물을 뿌리며 물 조절도 하루가 다르게 해 나갔다. 장독대에 물 뿌리기, 자갈 씻기, 멀리 있는 나무에 물을 주기까지, 점차 호스를 잘 다루게 되었고 다른 사람을 향한 물장난도 서슴없이 하기 시작하였다.

처음에는 물줄기에 닿는 살갗의 느낌을 좋아하는 것 같았지만 점점 놀이를 즐길 줄 알게 되면서 아이가 스스로 자아를 형성해 가는 것이 눈에 보였다. 또한 물을 만질 때마다 세상에서 가장 행복한 아이처럼 '까르르 까르륵' 하는 소리를 내며 옆에서 그 모습을 보기만 해도 행복이 전해졌다. 한동안은 아침밥 먹고의 일과였다. 옷이 젖는 것도 당연한 일이었다. 그렇게 몇 달 동안은 물놀이에 빠져 있더니 어느 순간

몸이 좋지 않아 잠깐 누워 있고 싶어

"명도야! 물 가지고 놀아." 했지만 더 이상 물을 가지고 놀지 않았다.

원 없이 물을 갖고 놀았던 명도는 명훈이보다 빨리 물놀이에서 벗어났다.

명훈이 역시 물을 좋아하는 시기가 있었다. 그러나 명도와 달리 명훈이는 27개월이 넘어서까지 물놀이를 종종 하곤 했다. 그러다 점점 횟수가 줄어들고 물의 쓰임새를 알아 갔다. 이상하게도 아이들은 물을 참 좋아한다. 이유는 모르지만 아마도 엄마 배 속에 있을 때 양수에서 편안하게 있었던 무의식이라 추측해 본다.

뿐만 아니라 아이들은 '쓰레기통 뒤지기'를 취미생활로 즐긴다. 왕성한 호기심 때문에 이 시기(발걸음이 자유로워지면서부터 36개월까지)는 세상에 온통 궁금한 것밖에 없다. 그리고 궁금한 것은 꼭 직접 만지면서 확인을 해 봐야 직성이 풀릴 때다. 그래서 아이가 무엇을 만져도 위험하지 않게 아이의 손이 닿지 않는 곳에 물건을 올려놓거나 아니면 아예 마음껏 만지라고 따로 자리를 만들어 놓았다. 또한 행여 날카로운 모서리에 부딪혀 다치지 않도록 안전하게 만들어 주었다. 그래야 아이에게 "이건 안 돼! 안 돼!" 혹은 "하지 마! 하지 마!"라는 말을 하지 않을 수 있고, 조금 더 안전한 환경에서 엄마도, 아이도 여유를 가지고 지낼 수 있다.

또한 카페나 낯선 집에 가는 것을 가급적 피했다. 엄마만 스트레스를 받는 게 아니라 아이도 계속 만지지 못하게 하거나 움직이지 못하게 하는 환경에 있으면 결국 아이의 성격 형성과 인지 발달에 좋지 않은 영향을 주며 다른 사람들에게도 민폐를 끼친다.

이 시기 아이는 탐색으로 인지가 형성되는 중요한 시기이다.

한번은 소아과에서 만난 17개월 남자아이를 둔 엄마가 "아이고, 애가 부잡스러워요." 한다. 손주를 키우는 할머니들에게서도 흔히 들었던 얘기다. 이는 아이의 발달 과정을 이해하지 못했기 때문에 하는 말이다. 이 시기는 대부분의 아이가 열심히 탐색하느라 탐험가가 된다. 만약 그렇지 않다면 그 아이가 오히려 이상한 것이다.

부잡스러워서 그런 게 아니라 호기심이 많고 알고 싶은 게 많은 아이, 장차 무슨 일이든 해낼 수 있는 엄청난 에너지를 가진 아이다. 그런데 그 아이를 어릴 때부터 '부잡스러운 아이'로 단정 지으면, 그 아이는 앞으로 '부잡스러운 사람'이 되어 버린다.

이 시기는 부모의 입장에서 보면 아이 뒤를 따라다니느라 바쁘게 움직여야 해서 몸이 힘들지만, 아이의 입장에서 보면 인지 형성으로 뇌가 무럭무럭 자라는 시기이다.

『유태인의 천재교육(루스 실로 지음)』이라는 책에 의하면, 유태인들은 "댁의 아이는 무척 얌전하고 점잖네요."라는 말을 절대로 칭찬으로 생각하지 않는다고 한다. '얌전하다'는 말은 '공부를 잘할 수 없다'는 뜻이어서 그렇다고 한다. 여기서는 '공부'라고 표현했지만, 오감으로 부딪쳐 만들어진 경험이 뇌를 자극하여 결국 뇌의 형성과 발달에 기여하는 것을 의미하는 말이다.

호기심으로 가득한 우리 아이들이 자신의 에너지를 잘 사용할 수 있도록 배려해 주고 이해해 줘야 아이의 가능성을 무한대로 키울 수 있다.

옷을 입어야지, 어휴!

옷에 있는 그림을 이용해 아이 옷 쉽게 입히는 법

"으앙으앙!"

14개월이 넘은 조카 은수가 목욕 후에 옷 입기가 싫어 자지러지게 악을 쓰며 울음을 터뜨린다. 그런 은수에게 동생은

"옷을 입어야지, 어휴!" 하며 실랑이를 벌이느라 진땀을 뺀다.

언니인 나는 얼른 옷을 살폈다. 마침 옷에 나비 그림이 있어 나비가 되어 은수에게 이야기했다.

"은수야! 왜 울어? 나 나비인데, 네가 울면 싫어. 흑흑."

그러자 은수가 울음을 멈추고 바라본다.

"은수야! 나는 네가 정말 좋은데 너는 내가 왜 싫어? 나는 너랑 같이 있고 싶어."라고 말하며 윗옷을 입히고, 그리고 바지를 살펴보니 곰돌이 그림이 있어 곰돌이를 보여 주면서

"안녕! 은수야, 나는 곰돌인데 나도 너랑 놀고 싶어. 나는 네가 너무 좋아." 하며 바지도 즐겁게 입혀 주었다.

누군가는 그 간단한 옷도 제대로 못 입히느냐고 말할지도 모르지만 초보 엄마들은 아이 옷 입히는 일만으로도 어찌할 줄 몰라서 헤맬 때가 많다. '왜 이렇게 옷 입는 걸 싫어하는지….' 아이들은 '싫음'을 곧 '울음'으로 표현한다. 이럴 땐 옷에 있는 캐릭터로 이야기해 주는 것이 매우 효과적이다.

옷에 있는 그림을 찾다보면 인지가 형성되고 인지가 형성되고, 다음번에 옷을 입을 때도 그 그림을 보면서 예전의 기억을 떠올리며 즐겁게 입

을 수 있다.

둘째 명훈이가 좋아하는 옷에 숫자 2가 쓰여 있어 매번 옷을 입고 있을 때 "숫자 2네. 2."라고 말해 주었다. 그리고 냉장고 에너지 효율 등급 표시에서 혹은 에어컨, 달력 등에서 숫자 2를 찾으면 "명훈이 옷에 있는 2하고 똑같다."라며 거듭해서 이야기해 주자 어느 날부터인가 아이는 2라는 숫자를 인지하고 있었다. 또한 이 놀이는 명훈이가 6살이 되어서도 옷에 있는 그림을 찾고 그 옷으로 이야기를 만들고 상상하게 만드는 힘을 갖게 하였다.

무릎에 파란 세모가 붙었다

영유아기에 인지 활동이 중요한 이유

"이건 동그라미야. 여기 붙여 볼까?"

명도가 동그라미 스티커를 스케치북에 붙인다.

"붙었다. 빨강색 동그라미."

침을 질질 흘려가며 아주 진지하게 열심히 한다.

"이건 세모야. 파란색 세모."

명도가 13개월 되던 때부터 빨강, 파랑, 노랑 시트지를 사서 '도형 오려 붙이기' 놀이를 많이 해 줬다. 처음에는 빨강, 파랑에서 시작하여 점차 초록, 주황, 노랑으로 색깔을 늘려 주었다. 또 처음에는 시트지 뒷면의 종이를 완전히 제거해 주었지만, 나중에는 아이 혼자서 제

거할 수 있도록 뒷면의 종이를 살짝 접어서 주었다.

그리고 스티커를 손등에 붙이며 "손등에 빨간 동그라미가 붙었다!" 라고 하자 아이는 손가락으로 꼬물꼬물 손등의 스티커를 떼어 낸다.

'붙었다'라는 말의 의미를 알려 주기 위해 붙이면서 "붙었다"를 반복해서 이야기해 줬다. 이어서 "무릎에 파란 세모가 붙었다."라고 하자 스티커를 떼어 내는 아이의 손길이 점점 능숙해져 간다. 내 얼굴의 볼, 이마에도 종이 스티커를 붙인 후 아이가 떼어 보게 하기도 했다.

스스로 스티커를 떼어 내며 하는 놀이는 신체(볼, 이마, 손톱, 다리, 어깨, 발바닥, 손바닥, 팔꿈치, 목)를 인지할 수 있는 놀이여서 많이 해 주었다. 또한 색깔 스티커를 종이뿐 아니라 풍선이나 장난감에 붙이는 놀이로 확장해 주었다.

그런데 어느 순간부터 아이는 이러한 정적인 활동을 하고 싶어 하지 않았다. 두 발로 온 세상을 탐색하고 싶은 욕구가 훨씬 강해졌기 때문이었다. 하다못해 마트에서 산 스티커북에 스티커를 붙이는 것도 싫어

했다. 그래서 궁리를 하다 스티커북을 낱장으로 뜯어서 옷장 문에 붙였다. 그런 후 미끄럼틀 계단을 밟고 올라가 스티커를 붙이는 놀이로 만들었다. 옷장 문에 붙인 스티커북 그림에서 아기 양을 가리키며 말했다.

"명도야! 아기 양이 아이스크림을 먹고 싶대요. 계단 밟고 올라가서 양에게 아이스크림을 줄 수 있을까요?"

아이는 말 떨어지기가 무섭게 달려서 조심조심 계단을 밟고 올라가 양 한 마리에 아이스크림 하나씩을 붙여 주었다.

또한 곤충이나 동물 등의 스티커를 방바닥에 일렬로 붙여 놓고 손가락으로 짚어 보거나 발로 밟아 보는 놀이나 촛불 불기 놀이를 하는 것도 아이들의 인지 활동과 소근육 발달에 좋은 놀이다.

대부분의 부모들이 '똑똑한 아이'를 원하고, 이를 위해 아이에게 많은 사교육을 시킨다. 인지 활동이 매우 중요한 이 시기, 급속도로 성장하고 있는 두뇌의 발달을 최대한 이끌어 내기 위한 노력들이다.

그러나 아이의 인지 발달을 위해 사교육을 시키는 것에는 반대한다. 아이와 하나하나 상호작용을 하며 엄마와의 유대감과 애착을 형성하는 과정이 그 무엇보다 중요하기 때문에, 이 중요한 시기를 돈을 주고 맞바꾸지 않았으면 한다.

물론 나도 '아이에게 이런 식으로 인지 활동을 시켜야지' 하는 생각을 갖고 아이를 대했던 건 아니었다. 어찌 됐든 아이와 함께 있는 시간이 있기 때문에 '아이와 뭐 하면서 놀지?'라고 생각했던 게 뒤돌아보니 그런 결과를 가져왔다. 아이는 이 시기 걷고 뛰고 입속에 집어넣고 만져 보며 성장한다.

8 자장자장 우리 아기

음악은 우리 삶의 피톤치드

잠을 재우기 위해 어두운 밤 명도를 업고 밖으로 나왔다. 잠이 많이 오는데도 쉽게 잠들지 못하고 보채며 울기만 한다.

"자장자장 우리 아기, 잘도 잔다 우리 명도
멍멍 개야 짖지 마라, 꼬꼬 닭도 우지 마라
우리 아가 잠을 깬다

금자동아 은자동아, 금을 준들 너를 사랴
은을 준들 너를 사랴
자장자장 우리 아기, 잘도 잔다 우리 아기

개구리도 우지 마라, 풀벌레도 우지 마라
우리 명도 잠을 깬다
자장자장 우리 아기, 잘도 잔다 우리 아기

별님도 잠을 자고, 달님도 잠을 자라
우리 명도 꿈속에서 함께 놀자

자장자장 우리 아기, 잘도 잔다 우리 아기
자장자장 우리 명도, 잘도 잔다 우리 명도

물고기도 잠을 자라, 거북이도 잠을 자라
우리 명도 잠을 깰라
자장자장 우리 아기, 잘도 잔다 우리 명도"

내 마음대로 자장가를 부르며 엉덩이를 토닥거리고 왔다 갔다 노래 부르고 나자 등에서 반쯤 쓰러져 있는 명도가 느껴진다. 내심 '흠, 오늘도 성공!' 하며 아직은 토닥일 만한 잠든 아이를 업고 있는 것만으로도 하루의 피로가 행복으로 전해진다.

'자고 있을 때는 왜 그리 예쁜지….' 유난히 잠투정이 심했던 명도를 업고 재울 때마다 자장가를 불러 주었다. 명도가 13개월이 넘으면서 둘째 명훈이가 생겨, 업지 않고 함께 누워 잘 때마다 나는 녹음기(?)가 되어 동요를 불러 주었다. 그러다 보니 명훈이의 태교는 동요로 했다고 해도 과언이 아니다. 신기했던 건 명훈이가 태어나 5~8개월쯤 짜증을 내거나, 얌전히 있기를 바라는 상황에서 나도 모르게 나오는 동요에 명훈이가 울거나 보채지 않는 것이었다. 아마도 태교의 영향이 아닐까 한다.

차를 타고 이동을 하거나 실내에 있을 때는 동요 음악을 많이 들려주고 불러주었다. 아이들도 틈만 나면 노래를 불러 달라고 요구했다. 또한 신나는 음악을 틀어 놓고 그냥 음악에 몸을 맞춰서 춤추기 놀이도 많이 했다. 점심 먹고 율동 시간으로 리듬에 맞춰 몸을 흔들면 어떻게 동작을 해야 한다는 스트레스 없이 마음껏 몸을 움직이다 보면 리듬감을 익힐 수 있었다.

명도가 5살이 된 어느 날 차 속에서 'Not going anywhere'를 듣고 있는 남편에게 내가 "동요 틀어 주자." 하며 CD를 바꾸려 하자 "이 노래 좋아요. "I'm not going anywhere"가 무슨 뜻이에요?"라고 묻는다. 영어가 들렸던 모양이다.

"나는 어디에도 가지 않는대. 여기 있다는 이야기겠지."

그 계기로 나는 내가 편안하게 듣는 음악들을 아이들과 함께 나눴다. 또한 명도가 5살이 되면서부터는 아기만 듣는 거라며 동요를 싫어하기 시작했고 엄마 아빠가 듣는 음악을 더 좋아하기 시작했다.

어느 날 아침 식사 시간에 클래식 FM에서 음악이 흐르자 명도가 "아! 나 이 음악 아는데…. '파가니니'다." 한다. 라디오에서는 파가니니의 카프리스 24번이 흘러나오고 있었다.

"어떻게 알았어?"

"영화에서 봤잖아요."

뿐만 아니라 베토벤 교향곡 5번이나, 'Somewhere over the rainbow', 'You are my sunshine' 등 노래가 흘러나오면 명도는 곧잘 제목을 말했다.

그래서 알게 된 것이 아이들이 소리에 더 민감하고 기억도 잘한다는 점이다. 아이들도 어릴 때부터 편안한 음악을 부모와 함께 듣다 보면 더욱 공감하고 음악적 성향도 비슷하게 나아간다. 음악은 우리 삶의 피톤치드와 같다.

아가야, 동생 봐! 봐!

분리 불안은 엄마가 답

명도의 첫돌이 지나고 얼마 지나지 않아 둘째가 생겼다는 것을 알았다. 정말 이런 일이 또 있을 거라 생각해 본 적이 없었던 터라 난감하고 두렵고, 한편으로는 계획해서는 있을 수 없는 일이었기에 감사하기도 했다.

둘째를 가졌다는 사실을 알고부터 명도에게 "명도야! 엄마 배 속에는 명도 동생이 들어 있어. 이제 곧 명도 동생을 만날 거야."라며 동생 이야기를 들려주고 명도가 동생이 태어나도 그 충격이 최소화되기를 바라며 매일 이야기해 주었다.

3분에 한 번씩 진통이 와 명도를 어머니에게 맡기고 병원으로 왔지만 막상 자궁 문은 3㎝밖에 열리지 않았다. 결국 양수를 터뜨리고 자궁을 열어 '이러다 사람 미치지 않을까' 싶은 고통 후에 명훈이를 출산했다.

출산 후 병원에 있을 때 어머니에게 전화가 왔다.

"명도가 바꿔 달란다."

전화기 뒤로 명도의 목소리가 들렸다.

"엄마, 어응. 음, 음…."

복받친 감정 속에 울음을 참으려고 노력하는 모습이 내게 전해졌다. 단지 몇 시간의 헤어짐이었지만 명도가 느끼는 시간은 며칠이었나 보다. 나도 목이 메여 말을 할 수가 없었다.

"명도야! 할머니랑 있다가 병원에 와." 겨우 말을 하고 전화를 끊었다. 개인 병원과 다르게 대학 병원의 불편한 점은 출산 후 따뜻한 분

위기 속에서 있을 수 없다는 점이었다. 6명이 쓰는 병실에 보호자 간이침대로 이뤄져 있어 명도를 데려올 수가 없었다.

오후에 할머니와 할아버지를 따라온 명도는 나를 보자마자 얼굴을 침대에 묻고 서럽게 울었다. 그런 명도를 보자 나도 왈칵 눈물이 쏟아졌다.

2박 3일의 입원을 마치고 둘째 명훈이를 안고 서둘러 집으로 갔다. 어머니는 아이가 잘 있었다고 했지만 하루 사이에 명도는 입술이 쩍쩍 갈라져 피딱지가 얹혀 있었다. 얼마나 힘들었는지 얼굴만 봐도 알 수 있었다. 명훈이를 조용히 방에다 눕혀 놓고 명도를 꼭 안아 주고 또 안아 주었다. 명도의 얼굴은 기다리다 기다리다 지쳐, 왜 이제 왔냐며 심술을 부리고 있는 것처럼 느껴졌다. 만 20개월 되던 때였다.

갑자기 동생이 생겨 집에 데리고 오면 남편이 바람나 다른 여자를 집에 데리고 들어온 것과 같은 충격을 큰아이가 받게 된다고 하는 이야기를 들은 적이 있다. 명도는 엄마와 떨어져 있었던 것이 너무나도 커다란 충격이었는데 거기다 처음 본 아기까지 데리고 오자 충격이 이만저만이 아니었던 것이다. 명도가 진정이 된 듯싶어 방에 데려와 한쪽에 누워 있는 명훈이를 보여 주며

"명도야, 아가야. 명도 동생 봐! 봐!" 명도는 신기한 듯 명훈이를 바라보면서 서서히 괜찮아지는 듯 보였다.

그런데 이때부터 찾아온 '분리 불안' 증상은 상상을 초월했다. 명도는 바로 옆집에 사는 할머니 집에도 가지 않을뿐더러, 엄마 없이는 문밖을 한 발짝도 내딛지 않았다. 초강력 본드처럼 엄마 옆에만 있었다.

그 와중에 명훈이가 집에 온 지 일주일 정도 지나자 얼굴과 몸을 비롯해 눈까지 노란색을 띠며 황달이 왔고, 결국 입원을 하여 치료를 받아야만 했다. 명도를 집에 두고 갈 수 없어 낮에는 어머니가 병원에서 명훈이를 간호해 주셨고 밤에는 남편이, 또 며칠은 나와 명도가 함께, 병원에서 생활했다. 명도를 데리고 병원에 있는 것은 사실 쉬운 일이 아니었다. 하지만 명도가 받은 충격을 생각하여 죽을힘을 다해 모든 것을 명도에게 맞춰 생활했다. 그렇게 온통 명도에게만 정성을 쏟자 명도도 조금씩 안정을 찾는 듯했다.

그런데 명훈이가 6개월쯤 되었을 때 예방접종을 하고 난 뒤 고열이 오기 시작했다. 밤에 열이 38도 이상 올랐다가 낮이 되면 괜찮고, 다시 밤이 되면 열이 오르고, 그렇게 3일째 되던 날 해열제를 먹여도 열이 내리지 않아 새벽 1시에 응급실로 향했다. 의사는 감기 기운이 약간 있는 상태에서 예방접종을 한 것 같다며 감기라고 했다. 뿐만 아니라 간수치가 정상 수치보다 30배나 높다고 했다. 가슴이 철렁 내려앉

는 것만 같았다.

열이 좀처럼 내리지 않아 옷을 다 벗기고 기저귀만 채워 물수건을 옆구리에 끼고, 아이를 앞으로 안고서 병원을 돌아다니며 열을 내리는 데만 온 정신을 쏟았다. 그러면서도 명도가 마음에 걸렸지만 열감기로 입원한 병실이라 명도를 데려올 수가 없었다. 사흘간의 병원생활을 마치고 집으로 돌아가자 명도의 분리 불안은 다시 심해졌다. 아이 둘을 돌보는 것이 체력적으로 너무나도 힘들어 명도를 가정 어린이집에 보내는 것도 생각해 봤지만, 세상 전체가 엄마인 아이를 나 편하자고 보내는 것은 아이에게 너무나도 잔인한 일 같아 할 수가 없었다.

모든 아이들이 낯가림을 시작으로 분리 불안을 경험한다. 사실 엄마에게 분리 불안은 그저 현실적으로 힘든 상황이고 아이가 성장하는 과정이지만, 아이의 입장에서는 '또다시 엄마와 떨어질 수도 있다'고, 혹은 '엄마가 돌아오지 않으면 어쩌지' 하는 생각으로 공포심과 불안감이 생기기 때문에 정신적으로 매우 예민하고 스트레스를 받는 상태, 즉 아이 스스로 감당하기가 힘든 정신적 공황 상태다. 물론 아이의 성향과 기질, 자란 환경에 따라 분리 불안의 정도와 그 극복 방법에 있어서의 차이는 분명히 있다.

그러나 어떤 큰 사건을 계기로 분리 불안을 겪게 되었을 때 치료를 위해 다양한 방법을 찾기보다는 우선 주 양육자와의 애착 관계를 형성하는 것이 먼저다. 이러한 애착 관계가 회복되기까지 몇 달 정도만 지나면 괜찮아질 것이라 생각했지만 그건 나의 착각이었다.

분리 불안의 치료는 엄마만이 해답이며, 이 시기 분리 불안을 겪는 아이를 정서적으로 안아 주지 못하면 여러 가지 합병증을 더하게 된다. 또한 이 시기 엄마와의 애착 형성은 성격 형성과 두뇌 발달의 기본이 되기 때문에 반드시 안정적인 애착 관계를 맺을 수 있도록 최선을 다해야 한다.

징검다리 만들어 볼까?

책을 좋아하게 만들기 위한 놀이와 독서법

큰아이 명도가 20개월 되었을 때 둘째 명훈이가 태어났다. 그로인해 찾아온 분리 불안과 바뀐 환경 등으로 명도에게 책을 읽어 주기가 어려웠다. 그러면서 명도는 점점 책을 보려 하지 않았다. 어떻게 할까 고민하다 23개월 때 명도 가슴 높이만큼 책을 쌓아 놓고 명도에게 말했다.

"명도야! 우리, 징검다리 만들어 볼까?"

내가 먼저 책을 하나하나 가져다가 길을 만들었다. 그러자 명도도 책을 가져다 바닥에 놓는다.

"이 위를 폴짝폴짝 뛰어 볼까?"

두 발이 함께 착지하지는 못했지만 신이 나서 건넌다.

이번에는 책과 책 사이 간격을 조금 더 벌려 더 넓은 간격으로 뛰어 보게 했다. 열심히 뛰어 보지만 발이 닿지 않는다.

"실패. 책 안으로 들어와야지."라고 하자 멋쩍은 웃음을 짓는다.

"다시 해 볼까?"라고 했더니 더 열심이다.

다음은 책으로 원을 만들어 그 위를 밟고 뛰어 보라고 했다.

“다다다다다. 달리기 선수네.” 무척 재미있어 한다.

“명도야! 이번엔 책을 멀리 던져 볼까?” 하며 책을 손에 쥐여 줬다.

“하나, 둘, 셋!” 하자, 명도가 던진 책이 ‘붕’ 날아 ‘퍽’ 떨어지는 소리가 난다. 책이 그야말로 장난감이 되었다. 이런 놀이를 5일간 해 주자 명도가 다시 책을 보기 시작했다. 책을 재미있는 장난감으로 여기기 시작한 것이다.

자동차에 관심을 갖기 시작하면서 경찰차가 나오는 책을 사 주었다. 책을 읽어 줄 때는 책 겉표지부터 읽어 주었고, 글씨를 읽어 줌과 동시에 그림을 읽어 주고, 그림을 보며 어떤 상황인지 이야기를 만들었다.

“강아지 3마리가 횡단보도를 건너고 있네. 경찰차도 있어. 신호등이 초록색이니까 건널 수 있겠다." 책장을 넘겨 "경찰차는 어디 있지?"라고 책의 그림을 보고 묻자 경찰차를 가리킨다.

"빨간 자동차도 보여? 그런데 화가 난 것처럼 보인다."라고 물어보니 손가락으로 가리킨다.

⊙ 그림책의 본문 내용 ⊙

경찰차가 아기 강아지들에게 교통신호를 가르쳐 주고 있네요.

경찰차 : "길을 건너려면 신호등이 어떤 불일 때 가야 할까?"

강아지 : "초록불이요!"

경찰차 : "그래, 똑똑하구나! 왼쪽 오른쪽 자동차가 오는지도 잘 살피고 건너가렴."

경찰차 : "앗 돼지 아줌마! 빨간불이에요. 건너면 안 돼요! 빨간불은 차들만 씽씽 달리라는 신호예요."

돼지 아줌마 : "미안합니다. 미안합니다."

처음 책을 보여 줄 때 인지를 위해 그림을 읽어 주는 단계를 넘어, 점점 인지가 형성되면서 아이가 물어보는 그림을 손가락으로 가리키며 상호작용을 하였다.

이 단계를 넘어가면 그림책의 숨은그림찾기도 하고, 말을 할 수 있

다면 그림의 상황을 이야기해 보고 물어볼 수도 있다. 또한 이때 무엇보다 중요한 것은 책을 재미있게 읽어 주는 것이다. 이것이 아이가 흥미를 갖는 데 있어 중요한 몫을 차지한다. 엄마는 성우가 되어야 한다. 정말 고양이가 되고, 여우가 되어 읽어 준다면 아이들은 금방 책 속으로 빠져든다.

특히 그림을 읽어 주는 과정은 아주 중요한 과정이다. 책의 글자를 읽는 것이 아니라 그림을 읽는 것은 아이의 상상력과 책을 즐기는 기본이 형성되기 때문이다.

아는 분이 "야, 애가 책을 하도 찢어서 높은 곳에 올려뒀다. 못 만지게…."라고 한다. 그러나 그렇게 하면 이 아이는 책과 친해질 수 없다. 책이 너무 먼 곳에 있기 때문이다.

책을 배치할 때는 아이가 가장 많이 활동하는 공간에 두고 꺼내기 편리하게 정리해야 한다. 그래서 언제나 아이가 책을 펼칠 수 있게 해야 한다. 또한 연령에 따라 하드 북이나, 헝겊 북을 선택하고, 아이의 성장에 따라 책의 위치를 바꾸고, 책의 양에 따라 책꽂이를 바꾸면서 항상 아이가 책을 가까이할 수 있는 환경을 만들어 주는 것이 중요하다.

명도와 명훈이는 책을 찢는 일이 거의 없었다. 어린이집에서 근무할 때 3~4세 아이들에게 종이 찢기 놀이를 시켰다. 종이 찢기 놀이는 스트레스 해소와 소근육 발달에 좋아서 한 것인데, 한 학부모가 "이상하게 요즘에 애가 책을 찢어요."라는 이야기를 들었던 경험이 있어 명도와 명훈이에게는 12개월 이후 종이 찢기를 시킨 적이 없었다. 물론 5~8개월 때 종이와 화장지 찢기 놀이는 많이 시켰다.

한편 실수로 책장을 넘기다 종이를 찢으면 바로 그 자리에서 테이프로 붙였다. 그러자 아이들은 책을 더 소중히 다루려 했고 찢지 않으려고 조심하였다.

11 Let's play Hide-and-Seek

영어책도 그냥 재미있는 그림책처럼

"I'm going to count to 10. 1, 2, 3, 4, 5, 6, 7, 8, 9, 10. Ready or not? Here I come!(열 센다. 하나, 둘, 셋, 넷, 다섯, 여섯, 일곱, 여덟, 아홉, 열. 준비됐어? 이제 찾으러 간다!)"

"Where are you?(어디 있니?)"

부엌으로 걸어가며 아이들을 찾는 시늉을 하였다.

"Here?(여기?)"

"Where are you?(어디 있니?)"

어디선가 키득키득 소리가 난다.

"What's that sound?(이게 무슨 소리지?)" 하며 소리가 나는 곳으로 점점 다가간다.

"Oh, I found you!(찾았다!)"

아이들과 숨바꼭질을 할 때면 이렇게 영어책에 나와 있는 내용으로 놀이를 해 주었다. 처음 영어책을 접했던 것은 큰아이가 23개월이 넘어 자동차에 관심이 많을 때 경찰차와 소방차 그림이 나오는 『Are you all right?』 그림책을 읽어 주면서부터였다.

책의 내용은 어떤 화가가 간판의 글씨를 색칠하고 있는데 갑자기 지진이 나서 그 간판에 화가와 생쥐가 깔리는 사고가 발생해 급히 의사가 오고, 이후에 교통정리를 위해 경찰차를 탄 경찰과 소방차를 탄 소방관이 등장하는, 아이의 입장에서는 매우 다이내믹한 스토리였다. 물론 영어의 내용은 책 한 페이지에 한 문장씩 매우 간단하고 반복되는 내용들이었다.

처음에는 막연한 두려움 때문에 영어책을 읽어 주는 것을 망설였지만 아이들은 이것이 영어책인지 한글책인지에 대한 분별이 없었다. 아이들에게는 둘 다 그냥 재미있는 그림책이었다. "또, 또!" 하며 다시 읽어 달라고 적극적으로 졸라 댔다.

평소에 책을 읽어 줄 때 책 겉표지부터 읽어 주다 보니 아이들은 언제나 책의 시작은 겉표지라 여겼다. 그래서 책을 다시 읽을 때는 겉표지부터 시작해야 처음부터 읽는 거라고 생각했다.

"여기 화가 아저씨가 빨강색 물감으로 알파벳 S를 색칠하고 있네. 옆에는 생쥐가 구경하고 있어." 책 겉표지 그림에 대한 설명이 끝나고 첫 장을 넘기며 "An earthquake! Help!"라고 쓰여 있는 글을 읽어 준 후 "Earthquake는 지진이야. 지진은 땅이 움직여 흔들려서 서 있을 수 없어."라고 설명을 해 주면서 책을 마구 흔들었다. 지진처럼….

"어, 어떡해. 간판에 아저씨랑 생쥐가 깔렸어."

또 다음 장으로 넘겨 "Doctor! Look at the painter!"라고 쓰여 있는 글을 읽어 주고 그림도 읽어 주었다.

"파란색 옷을 입은 아이가 의사 선생님을 모시고 왔어. 너무 급하게 와서 닥터(doctor)의 청진기가 날아가려고 해." 명도도 뭔지 모르게 다 급해진 얼굴이다.

이 책은 시누이가 준 책이다. 총 30권 정도였는데 책을 읽어 주는 순서를 정할 때는 아이가 제일 관심 있어 하는 내용이 그림에 나와 있는 책을 먼저 선택해서 읽어 주고 점차 반복하면서 그 내용을 일상생활에서 활용해 주며 거부감 없이 영어를 시작하게 되었다.

영어책뿐만 아니라 어떤 책을 읽어 주든지 아이가 관심 있어 하거나 좋아하는 동물이 나와 있는 책을 먼저 골라서 읽어 주었다.

아이들에게 책을 읽어 준 경험이 있는 사람이라면 책을 소리 내서 읽는 것이 얼마나 많은 에너지가 필요한지 알 것이다. 사실 처음에는 10분 동안 읽어 주는 것도 힘이 들었다. 그런데 아이가 집중해서 읽어 나가는 시간이 조금씩 늘어나면서 나도 함께 책 읽는 시간이 늘어났다. 5분 보던 것이 10분으로, 10분 보던 것이 20분으로, 20분 보던 것이 40분으로, 그리고 1시간에서 1시간 30분으로 늘어나면서 아이만 집중하는 시간이 늘어나는 것이 아니라 엄마도 함께 훈련이 되면서 책 읽는 시간을 늘려 나갈 수 있다.

아이에게 책을 읽어 주다 보면 어느 순간 아이가 읽기 싫다고 하는 것이 아니라 엄마가 힘들어서 그만두게 된다. 나 역시도 1시간 30분 동안을 읽고 나면 "이제 이게 마지막이다." 하며 방어벽(?)을 쳤던 적이 무수히 많다.

특히 처음에는 몇 시간 보았느냐보다는 질적으로 얼마나 집중했느냐가 중요하다. 책을 읽어 주는 시간에는 스마트폰을 사용하지 않았다. 심지어 오는 전화도 받지 않았다. 오직 아이를 위한 시간으로 만들어 줬다. 책 보는 시간에 할머니가 오면 명도는 매우 싫어했다. 자기한테만 집중해야 하는 엄마가 할머니랑 이야기하느라 책을 읽어 주지 못하니, 어느 날은 문을 가리키며 할머니에게 가라고 하면서 자신의 시간을 방해받고 싶지 않다는 표현을 했다. 명도는 이처럼 엄마가 자기하고만 상호작용하기를 바랐다.

첫돌이 지나기 전에는 자고 일어나 기분이 좋은 시간을 택해 책을 읽어 주었고, 24개월 후부터는 머릿속으로 오전 10시에서 11시 사이로 책 읽는 시간을 계획해 두었다. 하지만 시간을 반드시 정해 놓고 하지는 않았다. 아이의 그날그날 상태에 따라 10분 혹은 20분, 아니면 1시간 이상을 해 주었으며, 오전에 하지 못했으면 오후에 해 주었고 저녁을 먹고 나서 잠자기 전까지를 책 읽는 시간으로 만들었다.

낮잠을 많이 자서 밤에 잠을 자고 싶어 하지 않을 때는 어김없이 책을 뽑아 들고 왔다. 아이들은 유난히 밤에 책 읽는 것을 좋아했고 밤이 되어 "잠잘 준비 하자."라는 말만 나와도 책을 뽑아 들었다. 그래서 잠자기 1시간 전에 미리 이야기를 해서 그 시간을 책 읽는 시간으로 만들었다.

보통 밤에 책을 보여 주면 낮보다 집중력이 좋았고 잠을 자기 싫어해 더 많은 시간 책을 보자고 졸랐다. 그래도 다음 날을 위해 "이게 마지막이야." 혹은 "2권만 보고 오늘은 마지막이야." 하며 잠잘 준비도 하고, 아이들과의 충돌도 가능한 최소화시켰다.

아이가 성장하는 과정을 보면 '책의 바다'에 빠지는 시기들이 분명 찾아온다. 아이들마다 시기는 약간씩 다르지만 기본적으로 책을 가까이 하는 환경이었다면 두 돌 전후부터 36개월까지로 본다. 하지만 개월 수가 그리 중요한 것은 아니다.

무엇보다 중요한 것은 아이가 책을 가지고 왔을 때 거절하지 않고 항상 재미있게 읽어 주는 것이다. 설거지는 쌓아 두고 세수는 하루에 한번만 하더라도 아이에게 책을 읽어 주는 일은 이 시기에 그 어떤 것과도 바꿀 수 없는 중요한 일이다. 이 과정들이 모여야 아이도, 엄마도 성장할 수 있다.

아이가 책을 가지고 왔을 때 "어, 엄마 설거지 다 하고 해 줄게. 기다려." 한다면 기다리는 동안 아이는 책 읽고 싶었던 마음이 사라져 버린다. 이렇게 거절당하는 일이 반복되면 아이와 책은 점점 멀어진다. 아이가 책을 스스로 읽을 수 있게 되어 더 이상 엄마의 도움이 필요 없을 때까지 거절하지 않고 재미있게 읽어 주는 데 온 힘을 다 쏟아야 한다.

아이 혼자 책을 읽을 수 있는 날이 영영 올 것 같지 않지만 그런 날은 반드시 온다. 이 과정들이 모여야 엄마에게 자유로운 시간들이 주어질 수 있다. 또한 책 읽는 과정들을 의무와 책임감만으로, 즉 어떤 목적의식만을 갖고 해서는 안 된다. 그저 책에 있는 그림을 보고 아이와 함께 즐겨야 책 읽는 그 시간이 엄마에게도 즐거운 시간이 될 수 있다는 것을 잊지 말아야 한다.

'빵' 글자가 어디 있지?

한글 떼기의 모든 것

두 돌이 지나기 전 병원 진료가 끝나고 신호 대기를 하며 사거리에서 있었다. 순간 명도가 "야, 야!" 한다. 나는 운전 중이었고 명도의 말을 잘 알아듣지 못해 그냥 "어." 대답을 하고 지나쳤다.

그런데 이틀 후 다시 똑같은 자리에서 신호를 기다리고 있는데 명도가 카시트에서 몸을 반쯤 일으켜 차 창문에 붙어 손가락으로 약국을 가리키며 "약, 약!" 하는 것이었다.

순간 깜짝 놀랐다. 약국 앞 유리에 붙은 빨간색 '약'이라는 글자를 보고 이야기하고 있었던 것이다. 명도에게 '약'이라는 사진 카드를 보여 주며 뒤에 있는 글자까지 인지시켰던 반복된 행동들이 그것을 그대로 기억하게 만들었던 것이다. 카드 뒤에 있는 '약'이라는 글자도 실제 약국에서 보았던 글자의 색과 똑같은 빨간색이었다.

집에 돌아와 '빵', '가위' 카드 두 장을 글씨가 잘 보이게 바닥에 내려놓고 "명도야! 엄마, 빵 먹고 싶어. 빵이 어디 있지?"라고 말하자 명도는 정확히 '빵' 카드를 집어 왔다. 놀랍고 신기했다.

남편이 퇴근하고 돌아온 후에 "자, 봐." 하며 '딸기', '사과' 카드를 바닥에 놓고 "명도야! 아빠가 사과가 먹고 싶대요. 아빠한테 사과 좀 가져다주세요."라고 말하자 또 정확히 '사과' 카드를 집어 갖다 준다. 남편은 더 호들갑스러웠다.

"오! 우리 아들 천재 아니야?"

사실 처음부터 한글 교육을 의도해서 가르쳤던 것은 아니었다. 시누이가 준 사진 카드를 보여 주며 뒷면에 있는 글자도 보여 준 것이 명도에게 인지가 되었고, 이를 통해 아이가 문자에 많은 관심을 갖고 있다는 확신이 들었다. 그렇게 해서 천천히 한글을 시작하게 됐다.

처음에는 사진이 있는 카드를 사용했지만 부피가 너무 컸고 여러모로 번거로웠다. 그리고 카드에 나와 있는 사진만 보려고 하는 경우가

많아, 고민 끝에 다 먹은 우유팩에 글씨를 썼다. 그러나 시간이 가면서 점점 카드의 양이 많아지고 알았던 단어를 잊어버리는 문제가 생겨 다른 방법을 생각했다.

커다란 하드보드지를 사서 그 위에 하늘색 부직포를 입혔다. 그리고 이것을 벽에 붙이고 우유팩에 글씨를 써 적당한 크기로 오린 후 뒤에 벨크로(일명 찍찍이)를 붙여 글씨 카드를 붙일 수 있는 보드를 만들었다. 아이는 글씨 카드가 벽에 붙어 있는 모습을 보며 매우 재미있어 했고 떼었다 붙였다 반복하며 글자를 더욱 빨리 인지했다.

명도는 에너지가 많고 동적인 아이였다. 그래서 정적인 활동보다 동적인 활동을 더 좋아했다. 그래서 임의의 한 단어를 외치면 벽에 붙어 있는 많은 카드 중에서 그 단어를 찾아 가장 먼저 가져오는 사람이 이기는 게임도 진행했다.

"우리 누가 '신발' 글자 카드 빨리 찾나 시합할까?"

"준비, 땅!" 하자 순식간에 달려가 그 많은 글자 카드 중 정확히 '신발'을 찾아낸다.

게임을 시작할 때 '시작', '준비', '땅' 카드를 보여 주면 그 글자 역시 금방 인지했다. 그리고 굳이 달려가지 않더라도 글자판에 서서 누가 먼저 글자를 찾는지 확인하는 게임도 좋다.

"장화가 어디 있지?"

부모가 먼저 찾을 수도 있지만 아이가 게임에서 이길 수 있도록 손가락으로 '장화' 글자가 있는 주변을 찾는 시늉을 하며 "어디 있지?"라고 힌트를 좀 주면 아이가 놀이를 더 즐길 수 있다.

둘째 명훈이가 언제부터 글자에 관심을 가졌는지는 확실하지 않지만, 아주 어렸을 때부터 형의 글자 카드를 가지고 떼었다 붙였다 하며 노는 것을 좋아했다.

명훈이가 가장 많이 사용하는 '물', '엄마', '나비', '메뚜기' 글자만 적어서 한쪽에 붙여 놓았다. '물' 글자 카드를 들고 "명훈아! 물 마시고 싶어? 물, 물이야." 하고, '엄마' 글자 카드를 들고 "엄마야! 나는 명훈이 엄마야!" 하기도 하고, 또 형이 직접 잡은 '나비'를 보여 주며 "형아가 나비 잡았지? 나비야. 나비." 하면서 놀았다.

명훈이는 명도의 장난과 방해로 인해 가만히 앉아서 사진 카드를 보여 주며 말할 수 있는 여건이 되지 않았다. 하지만 계절적 특성을 잘 활용할 수 있었고, 곤충들을 직접 볼 수 있는 환경이어서 마당에 나가 거미, 방아깨비, 나비, 개미 등을 직접 만질 수 있었다.

그래서인지 명훈이는 유독 '엄마'라는 글자보다 '나비', '메뚜기'를 더 잘 인식했다. 제일 관심이 많았고 좋아했기 때문이다. 그냥 그렇게 글자를 인식할 수 있도록 한두 달가량 붙여 놓고 명훈이가 스스로 인지할 수 있는 시간을 주었다. 그리고 그 후 한 차례 더 글자 놀이를 하려고 했지만 명훈이가 관심이 없었다. 그래서 그만두었다.

명훈이가 한글 떼기를 본격적으로 시작한 것은 28개월부터였다. 그런데 잠시도 집중을 할 수 없었다. 옆에 있는 명도가 엉터리로 글자를 읽으며 방해를 하고 명훈이도 이에 맞장구를 치느라 산만했다.

그러던 어느 날 명훈이가 똥을 싸며 "엄마, 옆에 있어요." 한다. 그래서 생각해 낸 하나의 방법이 화장실에서의 놀이였다. 아이들은 생각보다 많은 시간을 화장실에서 보낸다. 또한 화장실에 갈 때 화장실 슬리퍼를 제대로 신지 못해 언제나 "도와주세요." 하거나 혹은 양말이 젖어 버리는 문제들이 생겼다. 그래서 욕실 바닥을 발판으로 깔아 슬리퍼를 신지 않고도 세면대에서 손을 씻고, 양변기에서 용변을 볼 수

있도록 했다. 그리고 그 바닥에 글자들을 붙여 놓고 아이가 밟으면서 글자 위에 서 있을 수 있도록 글자를 노출시키고 자연스럽게 인지할 수 있는 환경을 만들었다.

"엄마, 똥!" 하며 명훈이가 엉덩이를 잡고 뛰어온다. 재빨리 변기에 앉혔다. 힘을 주느라 새빨개진 명훈이의 얼굴을 바라보면서 "힘줘!" 하며 말을 건네고 있자 '뚝' 똥 떨어지는 소리가 난다. 미리 준비한 글자 카드를 보여 주며 "명훈아! 명훈이, 지금 뭐해?"라고 묻자 "똥 싸." 한다. '똥' 글자 카드를 보여 주며, "명훈이 똥 싸고 있지? 이게 '똥'이야, 똥. 힘줘. 똥 나오게."라고 했다. 그리고 '거울' 글자를 보여 주며 "거울아, 거울아! 이 세상에서 누가 가장 예쁘지?" 하며 명훈이와 함께 거울을 보며 이야기했다.

이렇게 화장실에 있는 물건부터 시작하여 글자를 인식시켰다. 다 하고 나서는 글자 카드를 벽에 붙여 화장실에서 볼일을 볼 때마다 반복해서 인지를 시켰다. 화장실 타일에 보드마카로 글씨를 쓰는 방법도 좋았다. 명훈이는 이틀에 한 번 똥을 쌌고, 화장실에서의 글자 놀이는 5분 정도의 짧은 시간이었지만 그 효과는 아주 좋았다.

글자 놀이를 더 하고 싶어 똥을 다 싸고도 발이 저릴 때까지 계속 앉아 있을 때도 있었고, 똥을 눌 때마다 "엄마, 빨리 와요!"라며 엄마의 나태함(?)을 일깨우기도 했다. 화장실에서의 5분 동안을 무조건 재미있고 흥미로운 놀이 시간으로 만들어 그 시간을 기다리게 했다. 이게 바로 '한글 떼기' 성공의 열쇠가 아닌가 싶다. 공부가 아닌 그냥 즐거운 놀이여야만 한다. 그리고 글자들이 언제나 노출되는 환경을 만드는 것이 매우 중요하다.

이건 주꾸미야!

한글 떼기의 기본은 인지 형성

“엄마! 꽃게예요.”

“어, 갈치랑 고등어도 있다.”

“엄마! 낙지예요.”

“명도야! 이건 주꾸미야. 낙지하고 비슷하긴 한데 좀 더 작아. 낙지 친척이지.”

아이들과 시장 구경을 나왔다. 아이들은 한참을 꿈틀거리는 주꾸미 앞에 쪼그리고 앉아 구경을 하였고, 나는 그사이 생선 가게 좌판을 쓱 둘러보았다. 꽃게, 홍합, 망에 담긴 굴, 고등어, 주꾸미, 갈치, 아귀, 조개류, 망둑어 등이 놓여 있었다.

“명도야! 네가 좋아하는 아귀도 있다.”

"어디, 어디요?"

"저기!"

"어! 이게 아귀구나."

"엄마, 우리 이거 사 가요."

"그래."

그러던 중 모르는 게 있어 생선 가게 아주머니에게 물었다.

"이게 뭐예요?"

"장대, 장대야. 쪄서 먹으면 맛있어."

그래도 낯선 생선에 쉽사리 손이 가지 않아 그냥 주꾸미와 아귀를 사서 집으로 돌아왔다. 그날 저녁 주꾸미를 데쳐 식탁 위에 올리자 아이들은 손가락으로 집어 먹기 바쁘다. 옆에 있는 명훈이에게 가위로 잘게 잘라 주며 "명훈아! 아까 시장에서 사온 주꾸미야." 하자, 꿀떡꿀떡 잘도 먹는다.

글자를 가르칠 때 중요한 것은 아이들이 인지를 할 수 있게 도와주는 것이다. 주꾸미를 모르는데 '주꾸미'라는 글자를 가르칠 수 없고, 빨간색을 모르는데 '빨강'이라는 글자를 가르칠 수 없다. 8~9개월 때부터 차를 타고 가다 신호가 빨강으로 바뀌면 "어! 빨간불이다. 빨간불은 '멈추세요'라는 뜻이야. 가면 안 돼. 안 돼. Stop!" 하고, 신호가 녹색등으로 바뀌면 "이제 출발하세요. 가도 돼요. Go, Go!" 하며 색깔 인지를 시작했다.

그리고 돌이 지나면서 빨강, 초록 풍선을, 아이가 서서 칠 수 있을 정도의 길이로 천장에 매달아 주었다. "명도야! 빨강 풍선 쳐 볼까?" 하자 좋아서 함박웃음을 지으며 풍선을 잡으려고 팔을 뻗어 통통 튕겨

본다. 그리고 풍선의 색깔을 하나씩 늘려 주었다. "주황색 풍선 쳐 볼까?"라고 말하자 정확히 가서 친다. 아이가 말을 하지 못한다고 해서 못 알아듣는 것은 아니기 때문에 아이와 충분히 상호작용하며 놀이를 할 수 있다.

신호등 놀이도 아이들의 색깔 인지와 글자 인지에 아주 좋은 놀이다. 아이가 운전할 수 있는 장난감 자동차의 오른발 밑에 있는 페달을 가리키며 말했다.

"명도야! 이 페달을 밟으면 자동차가 갈 수 있어."

아이 발로 가속 페달을 눌러 준다.

"붕~ 움직이지?"

자동차가 움직이자 움찔했지만 아이의 얼굴에는 신기함과 행복함이 역력하다. 또 기어를 가리키며 이야기를 이어 간다.

"P는 주차고, D는 앞으로 갈 수 있어. 그리고 R은 후진이야. 뒤로 갈 수 있어."

D로 기어를 맞추고 페달을 밟아 벽에 부딪힐 때까지 앞으로 간다. "이제 뒤로 가야 하니까 R로 기어를 맞춰야지."라고 말하자 후진 기어로 맞춘다.

장난감 자동차를 많이 타고 놀아 운전이 자유로워지면서부터는 A4 용지에 빨강 동그라미, 초록 동그라미, 노랑 동그라미를 그려 나무 젓가락을 이용해 깃발을 만들었다. 명훈이를 등에 업고 명도에게 "명도야! 우리, 신호등 놀이 할 거예요. 신호가 빨강으로 바뀌면 멈추세요."라고 이야기하고, 초록 깃발을 흔들며 "초록불 이니까 출발하세요."라고 말하자 웃으면서 달린다. 한 바퀴 돌고 돌아올 때쯤 빨강 깃발을 들어 올리자 웃으며 멈춘다. 엄지손가락을 올리며 "아주 잘했어."라고 말하고 초록 깃발을 들어 올리자 출발한다.

색깔에 대한 인지가 끝나면 '빨강', '초록', '노랑' 글자를 써서 글자만 보여 주고 신호등 놀이를 하면서 글자 인지를 할 수 있게 했다. 몇 번 놀이를 반복하던 어느 날 빨강 깃발을 들었는데도 아이가 씩 웃으면서 지나친다. "어! 교통 신호를 위반했네요." 하자 '깔깔깔' 소리 내어 웃으며 숨이 넘어간다. "엄마가 지금부터 경찰이야. 신호 위반하셔서 벌금 내셔야 해요."라고 말하며 명훈이를 업고 경찰 놀이로 옮겨 가기도 했다.

그러던 어느 날 업고 있는 명훈이를 가리키며 운전석 옆에 앉히라고 명도가 손가락으로 엄마만 알아듣는 말을 한다.

"명훈이 태워 줄 거야?"

"응!" 하며 고개를 끄덕인다.

커다란 쿠션을 운전자석 전체에 깔고 명훈이가 흔들리지 않게 작은 쿠션들로 고정을 시켜 앉혀 놓았다. 명도의 얼굴에서 왠지 모를 뿌듯함과 기쁨이 보였다. 명도는 동생을 태우고 행복하게 운전을 하였고, 보채던 명훈이도 그렇게 자동차를 태워 주면 더 이상 보채지 않았다. 그 이후 힘들게 명훈이를 업고 명도와 함께 노는 일이 줄어들어 그 자체만으로도 몸과 마음이 훨씬 가벼워졌다. 그리고 동생을 태우고 운전하는 명도의 얼굴과 보채지 않고 드라이브를 즐기는 명훈이를 보는 것만으로도 행복함을 느끼는 시간이었다. 아주 작지만 매우 소중한 행복.

인지 발달을 위한 가장 좋은 방법은 직접 보고 만지고 느끼게 하는 것이다. 이보다 좋은 방법은 없다. 인지가 형성되어야 글자 교육도 할 수 있다. 더불어 '인지 형성이 중요해! 필요하니까 해야 해!' 하는 중압감에서 벗어나 직접 보고 만지고 느끼는 것을 아이와 함께 나눠야 엄마도, 아이도 즐거운 시간을 보낼 수 있다.

우리 같이 책 보지 않을래?

물활론적 사고로 아이의 시선을 사로잡고 충돌을 피하는 법

'로보카 폴리(변신 로봇 경찰차)' 장난감을 들고, 명훈이에게 폴리가 직접 말하듯이 "명훈아! 우리 같이 책 보지 않을래? 나는 우리 명훈이가

책도 좋아하는 아이였으면 좋겠어. 같이 보자."라고 말하자 명훈이가 하던 행동을 멈추고 폴리 옆에 앉는다.

"고양이 세 마리가 나오는 『비밀이야』 책을 볼 건데 같이 볼래?"

"응." 하며 명훈이가 고개를 끄덕인다.

폴리 장난감은 아이의 흥미를 위해 도입부에서만 사용하고 명훈이 옆에서 함께 책을 볼 수 있게 놓아두었다. 책의 본문을 읽으며 "아기 고양이들이 조끼를 입고 모자를 쓰고 밖으로 나왔어요. 어디로 가는 걸까요?" 책에 나온 글자를 다 읽고 그림에서 "파란색 모자를 쓰고 있는 고양이는 어디 있지?"라고 묻자 명훈이가 손가락으로 가리킨다. "이번엔 폴리한테 노란색 모자를 찾아보라고 하자!" 하며 폴리가 노란색 모자를 짚어 보게 하였다. 혼자가 아닌 누군가와 함께 하고 있다는 생각에 명훈이가 즐거워한다. 다음 장을 넘겼다.

"미우는 들판을 지나 양에게 갔어요."

"양털 좀 줄래?"

"어디다 쓸 건데?"

"비밀이야."

글을 다 읽고 나서는 그림을 설명해 준다.

"아! 노란색 모자를 쓴 고양이 이름이 '미우'구나."

아이가 책에 집중하고 있으면 더 이상 폴리가 등장할 필요는 없다.

책을 다 읽고 나면 또다시 폴리가 등장한다.

"우와! 우리 명훈이는 책도 잘 볼 수 있구나."

이렇게 격려만 해 줘도 책을 좋아하게 되는 동기가 부여된다.

폴리 장난감에 실제로는 생명이 없지만 마치 그 장난감이 살아 있다고 여기는 사고를 하는 것을 '물활론적 사고'라고 한다. 피아제의 인지 발달 이론에 따르면 3~7세 아이들이 이러한 물활론적 사고를 한다고 하는데 명훈이의 경우에는 특히 물활론적 사고가 강했다.

밥을 안 먹으려고 하는 명훈이에게 소방차 '로이' 장난감을 들고 "명훈아! 배고프지 않아? 우리 같이 밥 먹자." 하며 밥을 숟가락에 올려놓고 로이에게 밥을 먹이는 시늉을 하고 그다음 명훈이의 입속으로 밥을 넣었다. 이렇게 서로 주고받으며 밥을 먹였다.

그런데 언젠가부터는 로봇은 밥 먹으면 아프다며 기름을 먹어야 한다고 이야기를 바꿔 버린 탓에 로이를 식탁 한쪽에 세워 두고

"명훈아! 로이가 명훈이 밥 잘 먹는지 지켜본대. 명훈이가 보여 주자. 아~ 하마처럼 입 크게 벌리고!" 했더니 입을 크게 벌리고 로이를 바라보며 밥을 받아먹는다.

"우리 명훈이가 밥도 잘 먹는구나."

로이가 칭찬해 주자 좋아서 어깨가 올라간다.

"생선도 먹어 봐." 로이가 말하자 입을 크게 벌린다.

"명훈아! 내가 옆에서 널 지켜 줄게."

이런 놀이는 밥 먹는 시간을 즐겁게 만든다.

명훈이는 8개월이 넘으면서부터 폴리, 로이, 엠버, 헬리와 같은 변신 장난감을 좋아했다. '로봇카 폴리' 방송이나 영상물을 본 건 아니었지만 오랫동안 명도가 가지고 놀았던 장난감을 명훈이도 함께 가지고 놀았던 것이다. 엄마가 직접 말하는 것보다 아이가 좋아하는 로이, 곰 인형, 드래곤이 말하는 것처럼 하는 게 더욱 효과가 컸다.

6살이 되면서 서서히 약해져 가긴 했지만, 3~4살 때까지만 해도 이러한 물활론적 사고를 적극 활용했다. 물활론적 사고를 활용하여 주의 집중을 하는 데 많이 사용했으며, 충돌을 피해 가는 방법이기도 했다.

26개월 된 한 남자아이가 자동차 장난감에 빠져, 거의 모든 종류의 자동차 장난감을 셀 수 없이 많이 가지고 있는 모습이 텔레비전에 나왔다. 아이가 밥을 먹을 때도, 잠을 잘 때도, 말을 탈 때도 자동차 장난감을 손에서 놓지 못하자 엄마는 아이가 낮잠을 자고 있는 사이에 집 안에 있는 자동차 장난감을 모두 치워 버렸다.

낮잠에서 깨어난 아이가 장난감 상자가 없어진 사실을 알고 대성통곡을 하는 것을 보며, 아마도 아이의 입장에서는 엄마의 명품백이 낮잠을 자고 일어나 보니 사라졌을 때와 같은 마음이었을 거라 생각했다.

아이들이 무엇인가에 큰 관심을 가지고 집착할 때는 물질적으로 그것을 너무 많이 제공하지 않도록 조절해 줌과 동시에 그 놀이들을 확장해 주고 깊이 있게 탐색해 가는 놀이로 연결해 준다면 결코 문제가 되지 않는다.

집착이 있어야 결국 단순한 호기심을 넘어 깊이 있는 배움으로 이어지는 것이다. 명도가 탈것에 관심을 보이며 특히 구급차와 소방차에 큰 관심을 갖기 시작하면서 우리 부부는 소방서와 병원 응급실 주차장에 자주 갔다. 뿐만 아니라 공사 중인 곳에서 포클레인(굴삭기)이 움직이는 모습을 관찰하고 견인차를 구경하기도 하면서 이와 관련된 책들을 읽어 주고, 자동차 내부의 명칭들도 함께 알아 가며 깊이 있게 확장해 주었다. 부모가 아이의 성장 과정에 맞추어 해당 연령대의 특징을 알고 그 특징에 맞게 아이와 상호작용한다면 그 시간 동안 아이와 조금 더 즐거운 시간을 보낼 수 있다.

—

"이 꽃을 뜨거운 물에 넣어 봐."

"엄마 근데 왜 꽃을 물에다 넣어요?"

"그러면 꽃만 보는 게 아니라 차로도 마실 수 있어."

정신없이 뛰어다니는 아이들이 컵들을 마주하는 이 시간은
아이들 스스로 자신의 생각을 말하고,
엄마는 아이의 생각이 얼마만큼 자랐는지,
아이가 지금 어떤 생각을 갖고 있는지 귀 기울이는 시간이었다

아이를
읽어 주는
이야기

Mother of storytelling

병아리가 나오려고 부리로 알을 톡톡 부수고 있어

부화기에서 깨어난 병아리가 할 수 없는 일

네모난 상자 속에 계란 40여 개 정도가 쇠판에서 데굴데굴 소리를 내며 굴렀다, 멈췄다, 안에 불이 켜졌다, 꺼졌다 하는 기계를 본 명도가 신기한 듯 기계 앞에 쪼그리고 앉았다. 한참을 바라보더니 이제는 이 기계를 열어서 확인하고 싶어 하는 모습이 역력하다. 순간 오른쪽에 기계를 작동하는 스위치가 있는 문을 열어 스위치를 만지려 하자 놀란 명도 할아버지는 "에비. 이거 만지면 고장 난다. 만지지 마!" 하신다.

그러자 명도가 고함을 지르고 바닥에 나뒹굴며 울기 시작한다.

"명도야! 이건 부화기라는 건데 여기서 병아리가 나오는 거야." 하자 무슨 말인가 싶은지 우는 소리만 내며 똑바로 앉는다.

"병아리는 암탉이 품는데, 암탉 대신 이 부화기가 품어 주는 거야. 이 불이 켜졌다, 꺼졌다 하지? 온도를 따뜻하게 해 줘서 춥지 않게 해 주는 거야. 봐! 봐! 불 켜졌지?"

"어."

"근데 이 스위치를 만지면 고장 나서 불도 안 켜지고 병아리가 못 나와. 이거 만지면 될까?"

"아니." 하며 울음을 그치고 기계를 더 이상 만지지 않고 바라만 보는 명도를 보며 바로 옆에 있던 할머니도 "저렇게 말하면 다 알아듣는 다니까." 하신다.

"오늘 할머니가 계란을 넣었으니까 21일만 있으면 병아리가 깨어나는 거야. 오늘이 4일이니까 25일에 병아리가 나올 거야."

달력에 커다랗게 동그라미를 치고 24일이 되기만을 기다렸다. 명도는 매일매일 병아리가 나오기를 기다리며 부화기를 쳐다봤지만 단 한 번도 그 기계를 만진 적은 없었다. 이때가 28개월 때다.

드디어 24일이 되는 아침.

부화기가 놓여 있는 방에 가 보니 노란 병아리가 아닌 검은 병아리가 태어나 다른 상자에 담겨 있는 모습을 보고 모두 기뻐하고 놀라워했다. 검은 병아리는 오골계의 알이었던 것이다.

벌써 명도가 한 손으로 병아리를 잡아 들어 발버둥 치는 병아리를 손에서 놓쳐 바닥에 떨어뜨린다. 명훈이는 작은 인형 같은 병아리가 움직여서인지 움찔움찔 무서워하면서도 잠시 후 잡으려고 팔을 뻗는다.

부화기 안을 쳐다보니 알 안에서 부리로 톡톡 거리는 모습이 보였다.

"명도야! 이것 봐, 봐. 알 안에서 병아리가 나오려고 부리로 알을 톡톡 부수고 있어." 하자 잽싸게 달려온다.

"닭은 이빨이 없는데 알 속에 있는 병아리는 이빨이 하나 있대. 그래서 그 이빨로 알을 톡톡 깨고 나온대. 그리고 알에서 나오면 그 이빨은 필요 없으니까 사라져 버린대."

그렇게 아주 한참 동안 알을 톡톡 부수는 병아리의 모습을 말없이 지켜보는 명도를 바라보는 것만으로도 즐거웠다. 보기에는 금방 나올 것처럼 보였지만 그 병아리는 다음 날이 되어서야 알 밖으로 나올 수 있었다.

마음 같아서는 알껍데기를 벗겨 주고 싶었다. 금방, 힘들이지 말고 나오라고…. 하지만 그렇다고 해서 사람이 알을 깨 주면 그 병아리는 결국 살지 못한다.

또한 부화기에서 깨어난 병아리는 나중에 암탉이 되어서 알을 낳긴 하지만 알을 품을 줄은 모른다고 한다. 부화기에서 나왔든지 어미 품에서 나왔든지, 어찌 됐든 간에 결과적으로 비슷한 온도와 습도 속에서 똑같은 병아리로 태어났는데, 어떻게 부화기 속에서 태어난 병아리는 암탉이 되어도 알을 품을 줄 모르고, 어미가 21일간 물 한 모금, 모이 한 줌도 절제하며, 온 정성을 다해 인내와 희생과 사랑으로 품어 알에서 깨어난 병아리는 나중에 암탉이 되어 어미에게 받았던 똑같은 과정을 겪으며 새끼를 품을 수 있단 말인가….

'알이라는 껍데기 속에 가려져 사람의 눈에 보이지 않고, 병아리의 눈에 보이지 않을 뿐, 그 모든 것이 병아리의 몸에 새겨지는구나.' 하는 생각이 들었다. 병아리도 그러한데 하물며 사람은 어떠하겠는가?

'옛적 성왕(聖王)들은 잉태한 지 석 달이면 별궁에 나가 거처하게 하여 눈으로는 사특함을 아니 보게 하며 귀로는 망령됨을 듣지 않게 하며 풍류 소리와 맛있는 음식이라도 예절에 맞아야 듣고 먹게 하였다.' 고 한다. 특히 옆에서 수발드는 시종을 마음씨가 곱고 예의 바른 사람으로 두었다고 한다. 이는 임부를 아끼고 사랑해서만이 아니라 태아를 잘 돌보고 가르치기 위함이었다.

중국 주나라 때 문왕의 어머니 태임이 문왕을 태중에서부터 가르쳤다 하여 '태교'라는 말이 세상에 전해지게 되었다. 사주당(師朱堂)은 이러한 주나라 때의 태교를 연구하고 자신의 의견을 참작하여 여러 번의 임신 과정에서 태교를 실행한 결과를 글로 써서『태교신기』라는 책으로 펴냈다. 책의 내용 중 한 부분을 소개하면 다음과 같다.

"아버지의 낳으심과 어머니의 기르심과 스승의 가르치심이 하나이니라. 좋은 의술은 병나기 전에 다스리고 좋은 가르침은 태어나기 전에 가르친다 하였으니 그러므로 스승의 가르침 10(十)년이, 어머니의 태중 10(十)개월 기르심만 같지 못하고, 어머니의 태중 10(十)개월 기르심이, 아버지의 1(一)일 탄생을 바르게 하심만 같지 못하나이다."

사실 태교도, 스승의 가르침도 맞다 생각했는데 왜 아버지의 1일 탄생을 가장 중요하게 여겼는지에 대한 의문이 들었다. 또한『태교신기』에는 '태교의 근본책임은 남성'에게 있다는 내용이 나온다. 처음 이 책을 보았을 때 '그래, 정자의 주인은 남자니까! 그리고 산모와 가장 많은 시간을 보내면서 아내를 편안하고 즐겁게 해 줄 수 있으니까 영향을 많이 주겠지.'라는 막연한 생각을 했다.

그런데 두 아들을 출산하고 한참 후 '정자 실험'에 대한 이야기를 들었다. 한 남성에게서 정자를 추출하여 다른 방에 놓아두고 분명 다른 공간에 있는 그 남성에게 전기 충격을 가했는데, 그 이전까지 활발하게 움직이던 정자들의 활동이 갑자기 줄어들었다는 실험 결과를 접하면서 '사주당께서는 그 옛날 이 사실을 어떻게 아셨지?'라는 생각이 들었다.

이처럼 남편 역시 태아에게 많은 영향을 준다는 사실이 과학적으로도 검증되었다. 그러므로 남편은 아내와 태아가 보이지 않는 곳에서도 몸가짐과 마음을 바르게 해야 할 뿐만 아니라 아내가 태교에 온전히 힘쓸 수 있는 환경을 만들어 줘야 할 책임을 갖고 태교를 함께 해야 한다.

세균 놀이 해 주세요

목욕하고, 로션 바르고, 머리 말리기 놀이

"명도야! 명훈아! 누가 먼저 할래?"

목욕할 준비를 하고 남편이 아이들을 부른다. 명도가 먼저 달려 들어와 "세균 놀이 해 주세요." 한다.

머리를 감기기 위해 명도를 안고 다리 위에 받쳐 머리를 뒤로 넘기며 이야기를 시작한다.

"옛날 옛날에 할아버지 세균이 살고 있었어요. 이 세균은 이리저리 사람들에게 옮겨 다니며 병을 옮기고 다녔지요. 할아버지 세균은 지팡이를 짚고 있다가 갑자기 명도 똥꼬를 보고 지팡이를 내던졌어요.

'명도 똥꼬에 들어가면 맛있는 것이 많이 있겠군.' 명도 똥꼬에 얼른 들어간 세균 할아버지는 '아이고, 이제는 여기서 편안하게 살 수 있겠군. 할멈! 이제 여기서 편안하게 삽시다.' 했어요.

그런데 그 시각 아빠가 '명도야, 목욕하자!' 하고 부르셨죠. 세균 노부부는 명도가 목욕을 할 거라고는 생각도 못했죠. 명도는 샴푸로 머

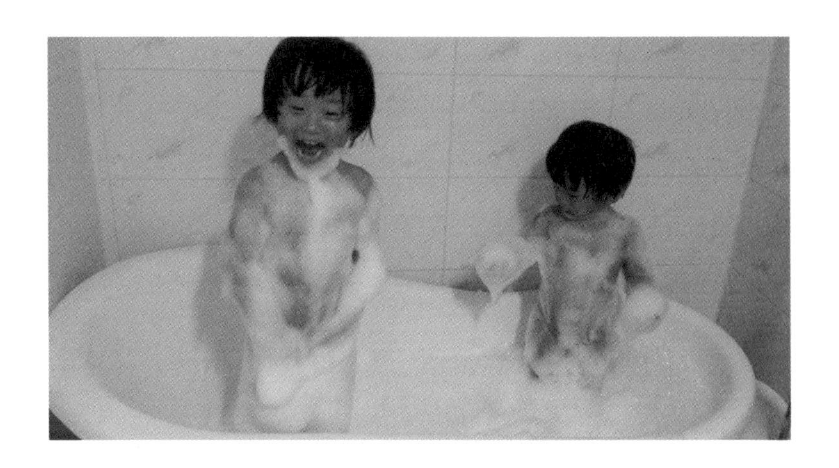

리를 감고 온몸을 비누로 깨끗이 씻었죠. 물론 똥꼬도 깨끗이….

세균은 어떻게 됐을까요? '아이고, 명도가 안 씻기로 유명해서 명도 똥꼬로 이사를 했는데 나는 이제 망했다, 망했어. 명도야! 씻지 말고 도망가!' 세균이 말했어요. 하지만 명도는 '싫어! 나는 깨끗한 게 좋아.'라고 했지요."

명도는 스스로 세균을 물리치기라도 한 것처럼 기분 좋게 목욕을 하고 욕조에서 물놀이를 한다.

씻고 나오면 닦고 로션 바르는 일도 언제나 쉽지만은 않다. 아이들은 도망가기 바쁘고, 왜 그리 로션 바르기를 싫어하는지….

어느 정도 크자 그냥 도망가는 장난을 당연히 여겼다.

로션을 들고 "히히히~ 명도야! 로션 바르지 말고 도망가. 네가 도망가야지 네 피부에 내가 살지." 하며 세균 놀이를 하면 "안 돼. 나 로션 바른다." 하였다.

머리를 말릴 때도 "명도야! 나는 감기 바이러스인데 머리 좀 말리지마. 그래야 내가 네 머리 안에서 살지. 어서 도망가."라고 하면 "안 돼. 나 머리 말려." 하고 단호하게 대답을 하였다.

이렇게 세균 놀이로 조금은 입이 아프지만 즐거운 목욕 놀이 시간을 만들 수 있다.

토끼, 알 안 까. 포유류야!

한글 떼기는 관심 있는 글자부터

"악어, 알 까!" 악어 글자를 보면서 둘째 명훈이가 말한다.

"거북이, 알 까! 공룡, 알 까!" 하며 밥을 먹으면서 벽에 붙여 놓은 글자를 뜯어낸다.

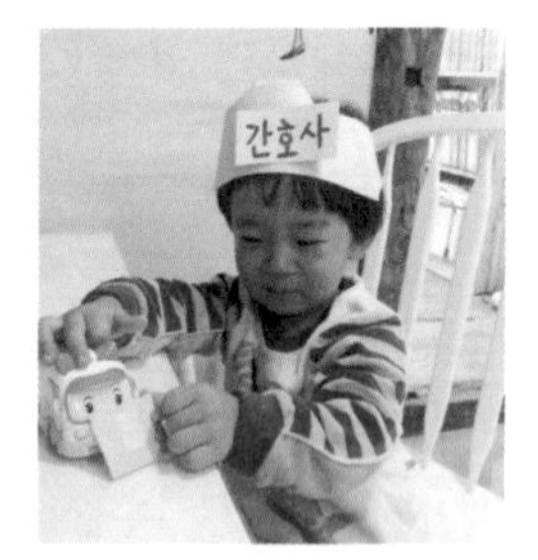

"토끼, 알 까!"라고 말하자 큰아이 명도가 "토끼, 알 안 까. 사람처럼 배꼽 있어. 포유류야!"

"아냐. 알 까!"라고 하며 명훈이가 우긴다.

"명훈아! 형아 말이 맞아."라고 내가 말하자 그제야

"그래." 한다.

명훈이가 『누구의 알일까?』라는 책에 빠져서 매일매일 읽어 달라고 한다. 책을 읽어 준 후 거기에 나온 알, 병아리, 닭, 오리, 악어, 거북이를 글자 카드에 써서 붙여 주었다. 그러자 놀랍게도 그날 하루 동안 그 모든 글자를 다 기억하였다.

『작은 집이 있어요』, 『나랑 나눠 먹자!』, 『배고픈 애벌레』 등 명훈이에게는 읽은 책을 활용하여 글자 카드를 많이 써 주었다. 책을 읽으며 나오는 단어, 등장하는 인물, 물건들까지도 일일이 적어 주었다. 그리고 카드에 쓸 글자를 물어보기도 했다.

"뼈다귀, 써서 줄까?"라고 물어보면 "어."라고 대답하거나 "무늬, 써서 줄까?" 하면 "아니."라고 대답하기도 했다. 아이의 대답에 따라 글자를 써 주기도 하고, 쓰지 않기도 하였다. 써 준 글자들 중에서 아이가 바로 기억하는 것들은 보통 관심이 많은 것들(공룡, 폴리, 사탕, 강아지, 사슴벌레 등)이었다.

번데기가 어떻게 생겼는지 알지 못하는 상태에서 아이에게 '번데기'라는 글자를 가르칠 수 없다. 즉, '글자 인식'은 '사물 인지'와 함께 해야 한다. 이때는 한글 교육이라고 해서 한글 교육만을 분리해서 할 수 있는 시기가 아니기 때문이다. 이 시기는 책도 보면서 인지 교육과 글자 교육, 신체 발달 등이 함께 이루어지는 통합 교육의 시기이다.

설명서와 주의 사항은 중요해

장난감 상자와 제품 설명서 교육용으로 활용하기

탈것들에 푹 빠져 있는 요즘, 이모가 명도에게 장난감 소방차를 선물로 주었다. 상자를 뜯어 장난감 소방차를 꺼내기 전, 먼저 상자에 쓰여 있는 글씨들을 꼼꼼히 짚어 가며 읽었다.

"여기 봐! 봐! 버튼을 누르면 멜로디가 나와요."

"반짝반짝."

"불빛."

"주의 사항. 입에 넣지 마세요."

장난감 소방차를 꺼내 설명서에 있는 것처럼 움직이는지 살펴본 후 "명도야! 설명서와 주의 사항은 중요해. 그래야 제품을 어떻게 사용하는지 알 수 있지."

그 이후부터 명도는 여러 가지 설명과 주의 사항이 적혀 있는 장난감 상자를 버리지 못하게 했다. 명도가 첫아이다 보니 선물들을 많이 받았고 우리는 상자들을 차곡차곡 쌓아 놓고 살았다. 그리고 명도는 일주일에 3~4번씩 책을 보듯 상자들을 다 펼쳐 놓고 읽어 달라고 했다. 상자가 너덜너덜해질 때까지 읽고, 보고, 가지고 놀았다. 장난감 상자의 내용들이 대부분 비슷하다 보니 반복되는 단어들과 문장들로 인해 아이는 장난감 상자의 글씨들을 빨리 인지했다. 그리고 어떤 물건을 사면 제품의 설명서부터 읽는 습관이 생겼다.

밥솥을 새로 사자 밥솥의 설명서를 본 후 나에게 설명을 해 준다.

"엄마, 밥솥의 주의 사항에 보면 밥솥에 올라가면 안 된대요."

"밥솥에 올라가는 사람도 있대?"

그런데 얼마 후 명훈이가 밥솥에 기어 올라가자 명도가 소리를 지르며 명훈이를 밀친다.

"밥솥에 올라가면 고장 나."

"어~ 엉엉."

한바탕 소동이 났다.

명도는 설명서에 적혀 있는 대로 잘 따르는 아이였고, 외출할 때도 밖에 데리고 나가기 전 "명도야! 엄마 손은 꼭 잡고 다녀야 돼. 그리고 뛰어다니지 말고!"라고 미리 주의를 주면 이를 잘 듣고 실행하였다.

물론 30분 이상 실내에서 있는 것은 힘들어 했다. 하지만 미리 이야기를 하고 데리고 나가는 것과 이야기를 하지 않았을 때의 차이는 분명히 있었다.

장난감 상자는 명도에게 선명한 그림책과 같았고, 밟고 입에 넣고 뜯어서 너덜너덜해져도 마음이 편한 도구였다. 또한 제품 설명서는 제품의 안전한 사용법 등 중요한 정보를 알려 주기도 하지만, 메뉴얼의 중요성과 한글 교육 자료집이기도 했다.

한글을 교육하는 데 있어 아이들마다 가지고 있는 성격과 특성을 살피는 것이 중요하다. 유난히 조용하고 얌전한 아이가 있는가 하면, 명도처럼 에너지가 많아 한시도 가만히 앉아 있지 못하는 아이가 있다. 명도와 같은 아이에게는 몸을 움직여 게임을 하거나 역동적으로 에너지를 사용하게 하는 놀이 방법이 좋다. 반대로 몸을 움직이기 싫어하는 명훈이의 경우는 앉아서 차근차근 재미있게 이야기하는 것을 좋아했다. 시각적인(미디어 시청) 부분은 대부분의 아이들이 좋아하는 방법이다. 시각적인 자극은 그 자체가 매우 강한 자극이기 때문에 빠른 효과를 볼 수 있는 방법이다. 그러나 나는 아이들에게 한글을 가르치는 목적이 아이들 스스로 책을 볼 수 있게 하는 것이었기 때문에 조금 늦더라도 종이에 적혀 있는 글자를 활용하는 방법을 택하는 것이 더 낫다고 생각한다.

명사가 어느 정도 끝나면 동사와 형용사를 함께 가르쳐 주었다. '엉덩이를 흔들어' 노래를 틀어 놓고 노래를 따라 부르면서 실제로 엉덩이를 흔들었다. 더불어 글자 카드 '흔들어'를 잡고 흔들면서 "흔들어,

흔들어!"를 반복했다. 이렇게 즐겁게 몸을 움직이며 춤을 추다 보면 어느 순간 글자를 기억하게 된다. 또한 초콜릿을 먹을 때마다 '달콤해!', '맛있어!' 하면서 해당 글자 카드를 보여 주었다.

물론 '이것은 동사, 저것은 형용사' 하며 구분해서 가르칠 필요는 없다. 아이의 상황에 맞게 자연스럽게 알려 주면 되는 것이다. 하지만 초콜릿의 달콤한 맛은 알아야 하고 '소금은 짜다'라는 인지가 되어야 한다.

하루는 레일을 연결하여 기찻길을 만들고 건전지를 넣어 기차가 레일을 달릴 수 있게 조립을 한 후 칸칸의 기차 위에 글자 카드를 올려놓을 수 있게 하였다.

"명훈아! '칙칙폭폭' 글자 카드를 기차 위에 올려놓을 수 있을까?"

명훈이가 글자 카드를 기차 위에 조심조심 올려놓는다.

"자! 출발합니다. 명훈이가 버튼 눌러 주세요."

기차가 움직이면서 글자 카드가 들썩이며 움직인다.

"'칙칙폭폭' 카드가 떨어지면 안 되는데…."

기차가 오르막을 오르면서 글자 카드가 밀려 떨어졌다. 명훈이는 매우 아쉬워하면서 다시 카드를 올린다.

"명훈아! '칙칙폭폭'하고 '울퉁불퉁'도 같이 기차 태워 주자. 이번에는 '울퉁불퉁'이 잘 버틸까? 아니면 '칙칙폭폭'이 잘 버틸까? 명훈이는 '칙칙폭폭'이 이길 것 같아? 아니면 '울퉁불퉁'이 이길 것 같아?"

단어를 말할 때마다 그 단어를 얼굴 앞에 내밀어 주었다. 명훈이는 "칙칙폭폭!" 한다.

"명훈이가 '칙칙폭폭'을 올리고 엄마가 '울퉁불퉁'을 올릴게."

명훈이가 조심조심 글자 카드를 올려놓는다.

"출발!" 소리에 명훈이가 버튼을 누른다.

"자, 부산을 지나 터널을 통과하고 있습니다. 과연 성공할까요?"

말하는 순간 '울퉁불퉁' 카드가 떨어지고, 잠시 후 '칙칙폭폭' 카드도 떨어진다.

"둘 다 실패했지만 '칙칙폭폭'이 좀 더 오래 있었으니까 '칙칙폭폭'이 이겼습니다." 하자 명훈이가 좋아한다. "명훈이가 가서 '칙칙폭폭' 들고 오세요." 하자 곧장 가서 주워 온다. "'울퉁불퉁'도 들고 오면 좋겠네." 하자 그것도 들고 온다.

"이번엔 '울퉁불퉁'도 명훈이가 기차 태워 보자."

그와 함께 '꼬불꼬불' 글자 카드를 추가해서 그 글자들로만 기차를 몇 번 더 태워 주고 좀 더 놀이를 하고 나자 그 글자를 기억한다.

아이들에게 한글 교육을 하는 동안은 '어떻게 하면 글자로 놀이를 할까?'가 매일매일 고민이었다. 미끄럼틀에다 글자들 태워 주기, 글자 카드 숨기고 찾기, 글자 카드 던지기, 글자로 하는 시장 놀이 등 놀이를 재미있게 하면 할수록 아이에게 더 효과가 크다는 것을 알기에 '내일은 뭐 하고 놀지?'가 언제나 숙제였다.

아이들에게 마지막으로 조사를 가르쳤다.

"이건 '에', 이건 '게'야. '게'를 가져갑니다. 하나, 둘, 셋!"

명도가 가져갈 수 있도록 기다려 주었다. 그다음 '와', '에'를 바닥에 놓았다.

"'에'를 가져갑니다. 하나, 둘, 셋!"

아이가 글자를 인지할 수 있도록 처음에는 2개로 시작하여 3개, 4개로 점차 늘려 나갔다. '에게', '을', '들', '와'를 늘어놓고

"'을'을 가져갑니다. 하나, 둘, 셋!" 하자 말이 끝나기가 무섭게 가지고 간다.

이런 게임은 승부욕이 강하면 강할수록 효과가 컸다. 명도의 경우 일주일 만에 이 게임으로 조사를 끝냈다. 지고는 분해서 못 견디는 아이였다. 어쩌다 내가 한 번 이기면 얼굴이 벌게져서 온몸을 구르며 이기겠다고 한바탕 소동이었다.

명도에게 사용했던 방법으로 똑같이 명훈이에게 동물 글자 카드를 바닥에 내려놓고 파리채를 손에 쥐어 주며 동물 사냥 놀이를 하게 해 주었다. "호랑이가 어디에 숨어 있을까? 호랑이 잡으러 갈까요?" 했더니 명훈이가 '호랑이' 글자 카드를 내려친다. 그런데 "다람쥐가 어디에 숨어 있지?"라고 말하자 '다람쥐' 글자 카드를 가슴에 안아 쥐고는 '으으으' 소리를 내면서 "아파. 안 해." 하며 더 이상 사냥 놀이를 하고 싶어 하지 않았다. 물활론적인 사고가 강해, 단지 종이에 적힌 글자 카

드였지만 명훈이는 그 다람쥐가 진짜 살아 있다고 여긴 것이다.

또한 '벽에 붙어 있는 글자 카드를 누가 먼저 빨리 찾나' 게임을 하면서도 "누가 '병아리'를 빨리 찾을까?" 하면 명훈이는 자신이 카드를 먼저 찾았는데도 오히려 나에게 주면서 "엄마 해." 하며 양보를 하였다. 이처럼 승부욕이 없어서 게임은 명훈이에게 맞는 교육 방법이 아니었다.

명훈이에게는 게임보다 스토리텔링(story-telling)하는 방법이 더 효과적이었다. 스토리텔링은 카드의 단어들로 이야기를 만들어 가는 방법이다. '버스', '하늘', '구름', '똥', '토끼', '정명훈'이라는 글자 카드를 벽에 붙이고 말하는 단어를 손가락으로 하나하나 짚어 가며 이야기를 만들어 갔다.

"버스가 하늘을 날아 구름을 뚫고 날아갔대."

말도 안 되는 이야기에 명훈이가 웃느라 정신이 없다.

"토끼가 똥을 쌓는데 정명훈이 밟았대."

이런 말도 안 되는 이야기가 아이의 기억력을 자극했는지 명훈이가 글자를 더 빨리 기억했고, "또, 또!" 하며 글자카드를 더하고 싶어 하였다. 또한 아이 스스로 그 글자의 범위 안에서 새로운 이야기를 만들어 내기도 했다.

점점 카드의 양이 많아지면서 분류를 해서 벽에 붙여 두었다. '동물, 가족, 음식, 채소, 과일, 탈것, 곤충 등'으로 분류를 하였고, 특히 냉장고는 '음식, 채소, 과일' 글자 카드를 붙이기에 좋았다. 글자 카드에 벨크로(일명 찍찍이)의 앞면을 붙이고 냉장고에 뒷면을 붙여, 오며 가며 글자를 확인시켜 주었다.

사실 한글 교육을 하는 시기 동안에 집안 꼴(?)은 말이 아니었다. 명도의 한글 떼기가 끝나고 벽에 붙은 카드가 사라지자 우리 집이 이렇게 깨끗했었나 싶을 정도로 감탄이 나왔다. 명훈이도 한글 떼기가 끝나고 카드를 모두 제거하자 정신이 맑아지는 느낌이었다.

그러나 한글 떼기는 글자가 많이 노출되는 환경이어야만 아이들이 한글을 더 빨리 인지할 수 있으므로 그 시기에는 그러한 환경을 제공해 주는 것이 중요하다. 또한 항상 '언제 끝이 날까' 싶지만 이것도 반드시 끝나는 날이 온다.

한글 떼기를 하는 데 있어 가장 중요한 것은 아이가 글자를 기억하는지 못하는지를 무리하게 확인하려 들지 말아야 한다는 점이다. 그 과정을 천천히 즐기며 재미있는 놀이처럼 만들어 꾸준히 하는 것이 가장 중요하다. 확인하고 결과만을 재촉하면 아이의 가능성에 문을 걸어 잠그게 되고, 더 이상 재미있는 놀이로 만들어 갈 수가 없다. 엄마는 그냥 즐거운 놀이 시간으로 만드는 데 최선을 다해야 한다. 더불어 아이의 성향에 맞는 놀이 방법을 찾는 것도 중요하다.

19 아직 말을 못 해서요

아이마다 발달 속도가 다르다

마트 안에서 만난 한 중년 여성분이 명도를 보고 "너, 몇 살이니?"라고 묻자 명도가 손가락 4개를 펼친다. 그러자 그분이 "말로 해야지." 하신다. 옆에 있던 내가 "아직 말을 못해서요." 하자 '다 큰 애가 아직도 말을 못해?' 하시는 얼굴이다.

사실 명도는 12월 23일에 태어나 며칠 자고 나니 나이를 한 살 더 먹어, 겨우 손가락 2개를 펼치려 하는데 어느새 3살이 되어 버리고, 또 말도 하기 전 4살이 되어 버렸다. 두 돌이 지나서도 단어의 첫 글자만 말할 수 있을 정도였다.

'냉장고'를 '냉', '컴퓨터'를 '컴', '할아버지'를 '하빠', '할머니'를 '함마', '아이스크림'을 '아쩌'로 부르는 명도의 말은 상황을 봐서 엄마만 알아들을 수 있는 말이었고, 다른 사람들은 잘 알아듣지 못했다. 한편으로는 아이에게 무슨 문제가 있는 게 아닐까 걱정되기도 했다.

엄마가 말을 많이 해 주면 아이가 빨리 말을 할 수 있다는 이야기를 듣고 재잘재잘 참새처럼 떠들며 아이를 키웠지만, 명도는 엄마가 이렇게 떠들어 대는데도 불구하고 좀처럼 입을 열지 못했다.

물론 명훈이도 말이 빠르지 못했다. 명훈이는 한 단어씩도 말하려고 시도조차 하지 않았다. 한동안 '왜', '그래', '아니'로 모든 의사 표현을 하였고 사물의 명칭은 아예 말할 생각이 없는 듯이 보이기도 했다. 그런데 신기하게도 28개월이 넘자 두 문장, 세 문장으로 바로 입을 열었다.

"웃겨!", "형아, 미워!", "배고파!", "엄마, 젖었어. 새로 갈아입어.", "문 열어. 쉬 마려워." 등등. 어떻게 저렇게 말을 하지 싶어 명훈이의 입만 봐도 그저 행복했다.

아이들마다 발달하는 것에 차이가 있다. 주변의 많은 엄마들이 아이에게 지적 · 신체적으로 좋은 환경을 제공해 주기 위해 문화센터 교실을 많이 찾는다. 그런데 한 친구가 문화센터에 다녀오더니 이런 말을 한다.

"개월 수가 같은데 그 애는 못하는 말이 없어. 우리 딸은 말을 못하니까 문제가 있는 것 같고 처음에는 안 그랬는데 스트레스받아."

"야! 스트레스받지 마. 다 해."

"그러겠지? 그리고 엄마들하고 함께 있는 게 오히려 스트레스야. 은근히 비교하고, 엄마들하고 관계 유지해야 하니까 싫어도 같이 커피 마시러 가야 한다니까. 그래서 이번 학기만 하고 그만두려고 해."

아이를 위해 간 문화센터인데, 정작 그곳에 아이는 없고 엄마들 사이의 관계 유지를 위한 시간이 되어 버리니, 누구를 위한 시간인지 깊이 생각해 볼 문제인 것이다.

아이들의 성장 · 발달은 대개 비슷한 과정을 거치지만 아이마다 발달의 속도가 다르다. 서로 비교하지 말고 천천히 아이의 발걸음에 맞춰 걸어가는 지혜가 필요하다.

홈스쿨 해요

습관을 형성하는 36~48개월

중년 아주머니가 명도에게 "몇 살이야?"라고 묻자 "4살."이라며 손가락 4개를 펼친다.

"어디 유치원 다녀?" 하자

"홈스쿨 해요." 한다.

명도가 어느 정도 커 보이자 사람들이 '어디 유치원 다니느냐'고 많이 물어보면서 아이도 스스로 스트레스를 받기 시작했다.

"명도야! 명도는 집에서 공부도 하고 놀기도 하잖아. 학교처럼. 집이 학교야. 그러니까 '홈스쿨 해요'라고 말하면 돼."라고 말해 주자 그 후부터는 자신 있게 이야기하기 시작했다.

"근데 아직도 어린이집에 안 다녀요? 빨리 보내요."

"네. 그래도 36개월은 지나서 보내려고요."

"빨리 보내야 엄마가 편해요. 사회성도 기를 수 있고…."

"네."

짧게 대답하고 웃으며 자리를 떴다.

'누가 편한지 모르겠는가?' 그러나 대소변을 가리고 자신의 의사를 말할 줄 알고 감정을 표현할 수 있는, 적어도 36개월은 지나서 어린이집에 보내야 한다는 것이 나의 생각이다.

그러나 '아휴, 힘들게 아직도 데리고 있어?'라는 반응과 '왜 아직도 유치원에 안 보내고 엄마가 집에서 애를 보고 있어?'라는 시선은 왠지 내가 하고 있는 일이 가치 없는 일인 것처럼, 또 내가 무능력한 사람으로 보이는 듯했다.

사실 여성이 일을 하다 육아 때문에 직장을 그만두게 되었을 때, 아쉬워하고 안타까워하며 '고급 인력을 방치하고 썩힌다'고 생각하도록 언론이 부추기고, 이런 인식들이 널리 퍼져 사회 풍조가 되는 것이 씁쓸하다.

그러다 보니 직장을 그만두고 육아를 하는 엄마들 역시 사회에서 도태된 듯한 느낌이 들고, 고된 육아에 뛰어드는 것을 가치 있는 일로 여기지 않는 듯하다.

이 시기 부모는 아이에게 가장 좋은 선생님이자 친구이다. 특히 아이와 가장 많은 시간을 보내는 주 양육자는 애착 형성과 더불어 아이의 인격 형성과 두뇌 발달에 지대한 영향을 미친다.

그렇기 때문에 모두가 부모의 육아 참여를 권장하고 '정말 중요한 일을 하고 있구나' 하는 사실을 인정하며 육아를 아름다운 삶의 일부분으로 봐 준다면, 육아에 대한 사회적 당위성을 확보하여 스트레스가 훨씬 줄어들 것이다.

더러는 "유아 교육을 전공했으니까 홈스쿨링을 하지."라고 말한다. 하지만 유치원 선생님을 비롯하여 초 · 중 · 고 선생님들께 자녀들을 잘 가르치고, 키우고 있는지 물으면, 아마도 "네."라고 대답할 수 있는 분들이 많지 않을 것이다.

물론 "잘 기르고, 교육시키고 있다."고 대답하는 분들도 있을 것이다. 자녀 교육을 위한 지식과 기술을 가지고 있어 자녀에게 잘 적용시킬 수 있으니까 말이다.

그러나 남의 아이를 가르치는 것과 내 자식을 가르치는 것은 다르다. 욕심이 앞서고 결과만을 바라보면 차라리 돈 주고 남에게 맡기는 것이 낫다 싶은 경우가 많다. 선생님이 되려면 그 아이를 잘 알아야만 가르칠 수 있기 때문에 배워야 하고 가르칠 방법들을 연구해야 한다.

처음 아이를 안고 부모가 되어 버린 우리는 처음이기에 실수할 수 있고 허둥지둥 헤매는 것이 너무나 당연하다. 그러나 부모이기에 노력해 나가야 한다. 그래야만 앞으로 이 아이와의 동행을 행복으로 만들어 갈 수 있다.

사실 명도를 36개월까지만 데리고 있다가 어린이집에 보내려고 했다. 그런데 분리 불안으로 명도가 감당해야 할 일들이 너무 많았다. 아이들마다 성향이 있는데 아직 준비되지 않은 아이였다.

엄마라는 존재를 세상의 전부로 느끼는 아이에게 엄마와 떨어진다는 것이 얼마나 충격일지 생각하니 쉽게 아이를 기관에 보낼 수가 없었다. 물론 굳게 마음먹고 보내면 대부분의 아이들이 짧게는 일주일에서 길게는 한두 달 안에 적응을 한다. 그러나 지금 아이에게 필요한 건 엄마이고, 언젠가는 더 이상 엄마가 필요하지 않을 때, 오히려 엄마가 귀찮아질 때가 온다는 것을 잘 안다.

경제적인 부분 역시 고민이었다. 그럼에도 불구하고 엄마가 가장 필요한 이 순간, 아이의 옆에 있기로 마음먹었다.

물론 불과 20개월밖에 차이가 나지 않는 아들 둘을 데리고 홈스쿨링을 하는 것이 쉬운 일은 아니었다. 때때로 큰아이를 기관에 보내고 싶을 때도 있었다. 그래도 마음을 다잡을 수 있었던 건 지금 이 아이에게 가장 필요한 것은 엄마이고, 또한 엄마가 아이에게 가장 좋은 친구이자 선생님이라는 확신이 있었기에 가능했고, 이 시기가 아이에게 얼마나 중요한지 잘 알기 때문이었다.

특히 36개월부터 48개월은 두 아이의 성장을 뒤돌아보았을 때 아주 특별한 시기였다. 교육하고자 했던 방향으로 아이들은 금방 놀이에 빠져들었다. 자연 놀이와 자연 교육을 연계하며, 놀다가 지치면 스스로 책을 볼 수 있고, TV와 스마트폰에서 자유로워지는 데 체계가 잡히고 습관으로 자리 잡을 수 있는 시기다.

내가 하고자 하는 교육의 대부분을 이 시기에 했다고 해도 과언이 아니다. 다음 해부터는 힘들이지 않고 아이들 스스로 깊이 있게 들어가는 것을 지켜보거나 도와주는 조력자 역할을 하였다. 그래서 이 시기는 중요하고 특별한 시기였다. 이 시기만 엄마가 바쁘게 움직이면 엄마에게 조금 더 게으른 시간들이 허락될 수 있다.

많은 서적에서도 소개되었고 그동안 역사 속에서도 증명되었듯 아이들은 각자 천재성을 가지고 태어나고, 부모는 그 가능성을 열어 줄 수 있다. 특히 아이와 많은 시간을 함께 있는 주 양육자가 그 역할을 한다.

그중 신사임당은 어머니에게 글 읽기와 쓰기, 바느질, 수예, 그림 그리기 등을 배우며 특히 붓글씨와 그림에 뛰어난 소질을 보였다. 그렇게 배운 것을 자신이 어머니가 되어 4남 3녀를 기르면서 어머니에게 배웠던 것처럼 자식에게 실천했다. 그리하여 자식 7남매를 모두 훌륭하게 키웠으며 그중 '율곡 이이'라는 대학자를 키워 냈다.

그러나 이것이 결코 쉽게 이루어진 일이 아니라는 것을 안다. 신사임당이 자식을 가르치느라 일생 동안 놀러 한 번 간 일이 없었다는 일화를 들으며 얼마나 혼신을 다해 아이들에게 헌신했는지 짐작할 수 있었다. 그리고 그것을 몸소 실천한 신사임당의 성품 또한 놀라울 따름이다. 이렇듯 어머니의 역할은 매우 중요하다.

벌레 기어가는 소리인가?

현재의 환경과 여건에서 할 수 있는 교육

명훈이가 18개월, 명도가 38개월 때 남편의 직장 일 때문에 전라북도 익산에서 전라남도 영광군 백수읍 길용리로 이사를 하게 되었다. 집을 찾던 중 오랫동안 비어 있었던 한옥 집을 소개받았다.

58년 된 이 흙집은 4칸짜리 방마다 얇은 벽에 창호지 바른 문짝이 양쪽으로 달려 있었다. 여름에는 시원할지 모르지만 겨울에는 꽤 추웠을 텐데 이런 곳에서 어떻게 겨울을 났을까 싶은 생각이 들었다.

벽에 단열재를 대고 이중 창문을 만들었다. 그리고 부엌과 안방에 들어가는 문은 우리 명도랑 명훈이 정도나 다녀야 할 법한 아주 작은 쪽문이어서 문을 터서 연결하는 공사를 했다. 특히 부엌 천장은 키 작

은 내가 손을 뻗으면 천장이 닿을 만큼 낮았다. 천장을 뜯어내니 대들보와 함께 한옥의 아름다움이 보였다. 급한 대로 수리를 해서 마치 우리를 오랫동안 기다리기라도 한 듯한 한옥 집에서의 생활이 시작됐다.

겨울에 이사 와서 봄을 느낄 때쯤 벽에서 '갈짝갈짝' 긁적이는 듯한 소리가 나기 시작했다. 남편에게 물었다.

"벌레가 기어가는 소리인가?"

"그런가?"

얼마 후 싱크대를 가리키며

"이 밑에 그릇 사용할 때 씻어서 사용해?"

"항상 그러지. 근데 왜?"

"벌레가 들어온 것 같아서…."

다음 날 전자레인지 위 쟁반에 검정색 동그란 수수만 한 열매 같은 것이 보였다. 순간 '벌레 똥인가?'라는 생각을 하고 씻어서 사용했다.

그런데 점심을 준비하기 위해 냉동고 문을 열고 생선을 꺼내 들고 뒤돌아서는 순간 햄스터만 한 생쥐가 쓱 하고 지나가는 게 보였다. 너무 놀라 "으으으악!" 소리를 지르고 생선을 다 내던지고 도망을 갔다.

명도와 명훈이는 방과 부엌의 경계선에서 놀고 있다가 놀라서 영문도 모르고 나에게로 몸을 안긴다.

바로 남편에게 전화를 했다. 다행히 남편이 올 수 있다고 한다. 우리는 멀찌감치에서 부엌을 지켜보며 쥐가 어떻게 들어왔는지에 대해 이야기를 하며 남편을 기다렸다. 남편이 집에 돌아와 묻는다.

"하필 이때 나타나?"

"그럼 알고 있었어? 그 벌레가 생쥐였어?"

"응. 알면 놀랄까 봐."

할 말이 없다. 그날 저녁 벽에서 긁는 소리만 나도 쥐가 벽을 뚫고 집으로 들어올 것만 같았다.

"설마 벽을 뚫고 들어오는 것은 아니겠지?"

남편은 "그럴 수가 없어."라고 안심시키려 했다. 그러나 벽 긁는 소리는 점점 더 커지고 심해져 갔다. 명도는 "여기 너희 집 아니야! 저리 가." 하며 벽을 발로 차면서 쥐를 쫓았다. 명훈이도 덩달아 벽을 차며 쥐를 쫓는다.

그렇게 며칠을 보낸 어느 날 식탁 밑 벽에 구멍이 뚫린 것이 보였다. 쥐가 우리 집을 쳐들어온 것이다. 그야말로 쥐의 승리였다.

남편은 벽을 막고 쥐는 또다시 뚫고 들어오는 며칠이 계속 반복되면서 결국 쥐약을 집 안팎 전체에 놓았다. 어디서 긁적긁적하는 듯한 소리만 나도 나의 다크서클은 무릎 밑까지 내려왔다. 약 한 달 동안 쥐와의 전쟁을 치르며 소리가 나는 일은 서서히 줄어들었다. 그리고 긁는 소리가 완전히 사라진 것은 집에 강아지가 들어오면서부터였다. 한동안 아이들에게는 쥐에 대한 트라우마가 생겼다. 다른 곤충, 동물들은 무서워하지 않았지만 쥐라는 말만 나오면 눈이 동그랗게 되었다.

그 흔한 문화센터, 마트, 병원에 가기 위해 차를 타고 15분은 나가야 하는 교외생활, 그야말로 전원생활이다.

어떤 중년 아주머니는 "자연에서 애들 키우고 얼마나 좋아요!" 하며 인사를 건넨다. 젊은 애 엄마는 "아유! 나는 하루도 시골에서 못 살아요. 답답해서." 한다.

하지만 나는 지금 내가 처해 있는 여건과 환경을 이용하기로 했다. 육아를 하면서 중요한 건 자신이 처해 있는 여건과 지역 환경에서 교육을 만들어 가는 것이다.

우리나라는 어느 도시를 가도 공원이나 산이 없는 도시가 없고 조금만 운전해서 나가기만 해도 바다를 보지 못하는 곳이 없을 정도로 아름다운 지형을 갖고 있다. 자연 교육이라고 해서 꼭 논두렁을 걷고 밭두렁을 기어 다녀야만 자연 교육이 아니다. 아름답게 조성된 공원이나 유적지, 사찰, 유원지는 아이들의 훌륭한 놀이터이며 교육의 장이다. 또한 놀이 공원이나, 박물관, 전시관, 아쿠아리움, 동물원, 수목원은 주변 지역을 중심으로 아이들의 놀이터로 충분히 이용하고 교육의 장으로 확장할 수 있는 곳이다.

아무리 지역에 좋은 시설이 있어도 내가 사용하지 않으면 내 것이 아니다. 아무리 좋은 자연 환경이 있더라도 그것을 이용해야지만 내가 자연을 놀이터로 삼을 수 있고, 아이에게 자연을 느끼게 해 줄 수 있으며, 자연에서 무언가를 얻을 수 있는 것이다.

너, 방문 잠그고 또 고추 만졌지?

3~4세의 자연스러운 과정

명도가 41개월, 명훈이가 21개월 되었을 때쯤 아는 언니가 집을 이사 해 집들이 겸 아이들을 데리고 놀러 갔다. 언니는 4살 된 상현이와 2살 된 현아를 키우고 있어 나만큼이나 바쁘게 하루를 보내고 있었다.

아이들 짐 가방과 함께 집들이 선물인 화장지에, 아이들이 가지고 가겠다고 우겨서 어쩔 수 없이 가져온 장수풍뎅이 집, 그리고 먹을 것을 이것저것 싸 가지고 간 데다 명훈이가 차에서 잠들기까지 해서, 언니에게 전화를 해 아파트 단지 앞으로 내려오라고 부탁을 했다.

엘리베이터 안에 들어서자 아이들이 서로 먼저 번호를 누르려 한다.

"우리 애들도 먼저 누르려고 항상 다툰다."

언니가 말한다.

"명도야, 눈사람 8 눌러. 대신 내려올 때는 명훈이가 눌러."

상황 정리를 해 주고 잠시 후 엘리베이터 문이 열렸다. 열쇠로 문을 열고 들어가자마자 상현이가 안방 문을 열고 나오는데 언니가 소리를 지른다.

"너, 방문 잠그고 또 고추 만졌지?"

순간 나도 당황했지만 상현이는 처음 보는 손님이 있는 앞에서 뭔가 자신이 커다란 잘못을 저지른 표정으로 뻘쭘해 하며 몸을 꼬고 있다. 그 상황을 무마하고 싶어 "안녕, 상현아! 명도 형아가 뭐 가져왔나 봐! 봐!" 하며 장수풍뎅이 집을 보여 주면서 명도와 놀 수 있게 도와주었다.

그날 잘 놀고 집으로 돌아와 며칠 후 언니에게 다시 전화를 했다.

"언니, 전화 받을 수 있어?"

"어, 마트야."

"아, 그래. 다름이 아니라 상현이 고추 만지는 거 때문에."

"야! 내가 그것 때문에 못 살겠다." 언니가 한숨을 내쉰다.

"언니! 남자 애들은 그냥 그렇게 만지는 것이 자연스러운 과정이야. 우리 명도랑 명훈이도 그랬어."

"그래?" 다행이라는 안도의 대답이다.

"언니! 벌써 방문을 잠그고 몰래 한다는 것은 아이가 스스로 나쁜 것이라고 생각하고 있다는 거고, 또 언니가 그럴 때마다 지적하면 더욱 죄책감을 갖게 만들잖아. 그리고 그럴 때는 봐도 못 본 척 시선을 다른 데로 돌려 줘."라고 이야기하고 전화를 끊었다.

신체의 일부를 알아가는 과정을 넘어서 만지고 노는 경우들이 있다. 보통은 3~4세라고 책에 나와 있지만 주변을 보니 연령이 정해져 있는 것 같지는 않았다. 그럴 때는 "옆에 있는 크롱 장난감 가지고 엄마랑 놀까?"라고 시선만 돌려 줘도 그 행동을 멈춘다.

여자 아이들이라고 이 과정이 없는 것은 아니다. 더러는 모서리에 음부를 비비는 행동을 하기도 하고 음부를 비벼 냄새를 맡는 행동을 하기도 한다. 이 행동들이 너무 지나치게 자주 일어난다면 아이의 심리 상태와 스트레스의 정도를 확인해 그 원인을 찾아보아야 한다.

그러나 아이가 성장하는 동안에 일어나는 자연스러운 과정의 일부이니 잘 받아들이고 넘길 수 있는 지혜가 필요하다.

애들이 텔레비전을 안 보네요?

텔레비전을 스스로 끄게 할 것

집에 지인이 놀러 와 일주일가량 머물게 되었다.

"애들이 텔레비전을 안 보네요?"

"어. 틀어 달라고 안 해."

"다들 아침부터 어린이 프로그램 보고 유치원 끝나고 집에 오면 텔레비전부터 켜요."

명도는 15개월 때까지 텔레비전을 의도적으로 보여 주지 않았다. 그러나 스마트폰으로 명도의 사진과 동영상을 보여 주는 행동을 반복하자 그걸 작동할 수 있게 되었다. 할머니, 할아버지는 애가 똑똑하다고 했지만 요즘 애들은 태어나면서부터 스마트폰을 작동한 게 아닐까 싶을 정도로 작동을 잘한다.

친구 아들이 만 4세가 채 되지 않을 무렵부터 "야! 컴퓨터로 다 들어가서 '또봇'이며 만화 다 본다."라고 한다.

만 5세만 되어도 컴퓨터를 작동하지 못하는 아이들이 없다. '못하면 어쩌지?'가 아니라 너무 해서 문제인데 굳이 부추길 필요가 없다고 생각한다.

텔레비전, 컴퓨터, 스마트폰은 엄마가 의도적으로 노출을 시키지 않더라도 자연스럽게 아이들에게 노출이 된다. 그리고 잘만 이용한다면 아이들에게 좋은 영향을 주는 것도 사실이다.

그런데 많은 부모들이 아침에 일어나자마자 텔레비전을 틀어 준다. 아침에 밥을 먹이려고 혹은 유치원 준비를 위해 혹은 잠을 깨우기 위해, 이유는 다양하지만 무조건 반대다.

아침에 일어나면 가장 상쾌하고 기분이 좋을 때인데, 텔레비전은 그 황금 같은 시간에 뇌가 생각을 하지 못하게 만든다. 또한 아침에 텔레비전을 반복해서 보여 주는 행동은 아이의 습관이 되게 만든다. 특히 가능한 한 오전에는 아이들에게 텔레비전을 보여 주지 않았다.

명도가 24개월이 넘어서 텔레비전을 보여 달라고 했을 때, 텔레비전을 외부입력으로 돌려놓고 "텔레비전이 고장이 나서 안 나와. 봐, 봐." 하며 리모컨 여기저기를 눌러 보게 하였다. 그럼 "그래." 하고 다른 곳으로 가 버렸다.

텔레비전을 보는 바른 습관을 들이기 위해 잠들기 전에 플러그를 뽑아 두었다. 전기를 절약하기 위해서이기도 하지만 플러그를 꽂고 부팅을 기다리는 과정들이 있으면 텔레비전을 보는 것이 조금 더 귀찮게 여겨지기 때문이다. 또한 텔레비전을 보여 주고는 외부입력으로 돌려놓았다. 혹시 리모컨이 눌리더라도 텔레비전이 나오지 않게 하기 위해서였다.

그리고 텔레비전은 하루 중 육체적으로 제일 힘든 시간에만 보여 주었다. 보통 일주일에 5일 정도, 그중 하루 이틀은 EBS 프로그램을 보여 주었고 나머지는 영어로 된 영상물이었다. 그리고 텔레비전을 끄기 전에는 반드시 "이게 마지막이야."라고 미리 이야기해 주고 아이가 스스로 끄게 만들었다.

그러나 명훈이의 경우 둘째다 보니 명도보다 영상물을 더 어릴 때부터 봐서인지는 모르나 텔레비전을 보다가 껐을 때 울고 매달리고 더 보여 달라고 조르며 짜증이 이만저만이 아니었다.

엄마가 한번 말한 부분은 엄마가 지켜 내야 한다. 이 고비를 엄마가 넘겨야지 아이도 넘길 수 있다. 아무리 울고 보채도, 말로 타이르고 시선을 다른 곳으로 돌리거나 바깥 놀이 등으로 그 상황을 피해야 한다.

그리고 스스로 텔레비전을 끄고 나면 칭찬을 아끼지 않았다. 엄지를 들어 "잘했어. 이제 스스로 끌 수도 있고…. 다 컸네." 하며 꼭 안아

주었다. 칭찬은 아이가 다음번에 스스로 끌 수 있는 힘을 만들어 준다. 약속을 어느 정도 잘 지킨 어느 날이었다.

"한 번만 더 보면 안 돼요?"라고 묻는다.

"그래, 오늘은 하나만 더 봐."라고 여유를 좀 더 주어도 괜찮다.

텔레비전은 아이가 많이 활동하는 공간에서 멀리 떨어져 있는 것이 경험상 좋았다. 그리고 제일 좋아하는 장난감 몇 가지만 빼고 나머지는 다른 방에 옮겨 두어 일어나면 제일 먼저 책이 보이게 배치를 하였다.

그러자 아이들은 별수 없이 책이 곧 장난감이 되었고, 12개월이 넘으면서 아침에 혼자 일어나 책을 보며 놀이를 시작했다. 그렇게 습관을 들여 아이들은 아침에 일어나면 화장실에 다녀와 내가 굳이 말하지 않아도 방에 불을 켜고 책을 보며 혼자만의 시간을 가졌다.

명도가 7살, 명훈이가 5살이 된 해에는 스스로 할 수 있는 것들이 많아지면서 내가 육체적으로 힘이 덜 들었다. 긴 영화를 시청한 다음 날에는 텔레비전을 보여 주지 않거나 주 1~2회로 미디어 시간을 더 줄여 주었다.

그러나 무엇보다 중요한 것은 이런 습관을 들이기 위해서 부모가 먼저 텔레비전을 멀리해야 한다는 것이다. 우리 부부는 아이들을 키우는 몇 년 동안 세상이 어떻게 돌아가는지 모르고 살았다.

24 우리 녹차 나무 사요!

스마트폰에서 멀어지게 하는 법

보성 녹차 밭에 가자마자 녹차 아이스크림을 먹기 위해 길게 줄을 선 모습이 눈에 들어왔는지 아이들이 "엄마, 아이스크림 먹어요." 하고 소리친다. 나 역시 먹고 싶었던 터라 줄을 섰다.

아이스크림을 받아 든 명훈이가 한입 베어 먹고는 좋아서 춤을 추고 있는 사이에 아이스크림을 몽땅 떨어뜨려 한바탕 눈물을 쏟고 다시 아이스크림을 사서 의자에 앉았다. 그런데 아이스크림을 일찍 다 먹은 명도가 녹차 나무 모종 주위를 기웃거리며 말한다.

"녹차 나무 팝니다. 엄마, 녹차 나무 사요."

"좋아. 대신 녹차 나무를 아름답게 찍어 오면 사 줄게."

미리 준비한 카메라를 목에 걸어 주고 나서 명훈이 아이스크림 먹는 걸 도와주며 명도를 지켜봤다. 명도가 녹차 나무를 사진에 담는 동안 남편은 명도의 그 모습을 사진에 담는다.

그렇게 주차장에서 녹차 밭으로 가기 위해 삼나무 길을 걸으며 힐링의 공기를 들이마시고 있던 나의 눈에 들어온 것은 초등학교 고학년쯤 되어 보이는 남매가 스마트폰을 각각 들고, 그 스마트폰만 쳐다보며 길을 걷고 있는 모습이었다.

이런 곳까지 와서 스마트폰을 손에서 놓지 못하고 있는 사실이 안타까웠다. 그 남매의 뒤를 따라 그 부모는 '억지로 아이들을 끌고 나오는 것에 성공했구나!' 하는 얼굴이었다.

그 모습을 뒤로하고 우리는 삼나무 숲속에서만 마실 수 있는 공기를 들이마시며 넓고 푸르게 펼쳐진 녹차 밭에서 파란 하늘을 그림 삼아 숨바꼭질을 하며 동화 속에 들어온 것처럼 행복한 시간들로 하루를 채웠다.

세 자녀의 아버지이기도 한 빌 게이츠도 그의 아버지와 마찬가지로 컴퓨터 게임이나 스마트폰 사용을 제안하여, 그의 자녀들은 컴퓨터 사용 시간을 하루 45분으로 제약을 두고 13살이 되어서야 처음으로 스마트폰을 사용할 수 있도록 허락했다고 한다. 우리가 생각하기에 매우 자유스러울 것 같은 빌 게이츠도 컴퓨터 게임이나 스마트폰 사용에 있어서는 규제와 절제로 아이들을 교육시켰던 것이다.

사실 요즘 TV보다 중독성이 심한 것이 바로 스마트폰이다. 초등학생들이 삼삼오오 모여 있는 곳에서는 어김없이 스마트폰으로 게임을 하거나 그 게임을 하고 있는 모습을 구경하는 아이들을 쉽게 볼 수 있다. 하지만 이는 영 · 유아기 때부터 들여진 습관이다. 초등학생이 되어서는 더욱 고치기 힘들고, 잘못된 습관을 바로잡는 데에는 더 많은 노력이 필요하기 때문에, 영 · 유아기에 바른 습관이 형성될 수 있도록 도와주어야만 한다.

명도와 명훈이 역시 스마트폰을 좋아한다. 그러나 스마트폰은 전화를 걸고 받고, 메시지를 주고받고, 사진을 찍고, 모르는 것을 찾고, 날씨를 확인하는 용도로만 사용하는 것으로 인식하고 있다.

그리고 이렇게 아이들을 길들이는 데 있어 무엇보다 아이들과 함께 있는 부모가 스마트폰을 적게 들여다보는 것이 중요하다. 엄마가 스마트폰을 손에 오랫동안 들고 있으면 8개월만 지나도 아이는 금방 거기에 관심을 갖고 호기심을 넘어 집착을 하게 된다. 결국 스마트폰이 점점 아이들을 끌어당기는 강력한 접착제로 변한다.

물론 나 역시 스마트폰으로 아이들을 찍은 동영상을 보여 주거나, 동요를 들려주거나, 율동을 보여 주었다. 가능한 대중적인 장소는 피했고, 부득이하게 외출을 하여 식당에 가거나 아이를 붙잡아 둬야 할 때는 사용했지만 36개월이 넘으면서부터는 사용하지 않았다.

사실 어른들도 스마트폰을 오래 들여다보면 그 전자파로 인해 금방 피로해지고 건강에도 여러모로 좋지 않은 영향을 미치는데도 계속해서 보고 싶은 욕구가 생겨 멈추기가 힘들다. 더욱이 아이들에게는 그 자극이 더 크게 다가올 것이며 전자파의 영향 역시 더 심각할 것이라는 사실을 쉽게 짐작할 수 있다.

왜 꽃을 물에 넣어요?

함께하면 잔잔하고 편안한 티타임

남편이 퇴근하고 집에 돌아오는 길, 봄을 제일 먼저 알린 매화의 꽃망울을 투명 비닐 봉투에 담아 가져왔다. 나는 뜨거운 물을 끓이며 명도를 불렀다.

"명도야! 우리 매화차 마시자." 하자 명도가 식탁으로 뛰어온다.

"이게 매화라는 건데 차로도 마실 수 있어."

컵에 뜨거운 물을 따라 아이에게 내밀었다.

"이 꽃을 뜨거운 물에 넣어 봐."

"엄마, 근데 왜 꽃을 물에다 넣어요?"

"그러면 꽃만 보는 게 아니라 차로도 마실 수 있어."

뜨거운 물에 꽃망울이 들어가자 봉오리 졌던 꽃잎들이 하나하나 펼

쳐져 예쁜 꽃을 피웠다. 그리고 컵을 코에 가져다 대자 잔잔하고 은은한 매화향이 온몸에 퍼지며 몸을 이완시켰다.

"명도야! 매화 향기 맡아 봐."

"음, 향기가 난다. 너무 좋아!" 흥분하며 명도가 묻는다.

"매화가 뭐예요?"

"우리 매실차 마신 적 있지? 이 매화에서 매실이 열리는 거야. 이 꽃에서 열매가 맺혀 먹을 수 있는 거지. 꽃이 있어야 열매를 맺을 수 있는 거야."

"우리 매실 나무 심어요. 100개 심어요."

"땅이 없잖아. 한 그루만 심어 보자."

차를 마신 후 아직 꽃망울을 터트리지 않은 매화를 구경하러 앞집으로 나갔다.

사실 매화차, 산수유차는 꽃이 피었을 때만 먹을 수 있어 그 시기를 놓치기 쉽다. 그리고 꽃이 피는 시기에 깊이 즐길 수 있는 방법이기도 하다.

명훈이가 18개월, 명도가 38개월 때, 흰민들레차를 우려서 작은 잔에 각각 부어 준 후 받침대에 받쳐 주었다. 아이들이 어리고 뜨거운 물이 위험한 데다 다구를 깨뜨릴까 봐 그 이전에는 한 번도 해 준 적이 없었다. 그런데 나의 우려와 다르게 아이들은 내가 시연하는 모습을 잘 기다리고 바라보며 찻잔들을 조심히 살피면서 침착한 모습이었다. 차가 식는 동안 아이들에게 이렇게 이야기해 주었다.

"차를 마실 때는 왼손으로 찻잔을 받치고 오른손으로 컵을 잡고, 눈으로 차의 색깔을 보고, 코로 향기를 맡고, 입으로 마시면서 혀로 맛을 느끼는 거야. 자, 마셔 보자."

아이들은 왼손으로 컵을 받쳐 들고 오른손으로 찻잔을 잡고 색깔을 요리조리 살펴보고 있었다. 아주 예쁜 모습이었다.

"명도야! 색이 참 예쁘지?"

"네."

사실 생각해 보니 명도는 내가 예쁘다니까 예쁘다고 말한 것이었다. 하지만 앞으로 명도는 그 차의 색을 예쁜 색으로 기억할 것이다. 아이들은 내가 담아 준 차를 다 마시고 한 잔씩을 더 마셨다.

그렇게 첫 번째 티타임(tea time)을 보내고 몇 주 후 베트남 쌀국수 가게에 갔다. 음식을 기다리고 있는데 도자기 주전자에 재스민 차와 작은 잔 4개가 나왔다. 잔에 재스민 차를 따라 주자 명훈이가 왼손 위에 찻잔을 올리고 오른손으로 잔을 잡아들고 마시는 모습을 보며 깜짝 놀랐다.

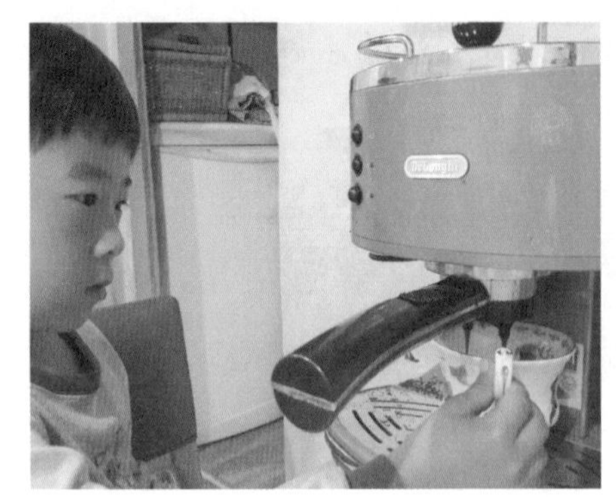

명도는 오른손으로 잡고 훌렁 들이마셨지만, 명훈이는 그때 배웠던 대로 따라 하는 모습을 보며 아이가 어리다고 못 하는 게 아니라는 사실을 확실히 깨닫게 되었다.

이 계기로 우리는 종종 티타임을 갖게 되었다. 내가 커피콩을 준비하면 벌써 커피 향을 맡고 달려온 명도가 커피콩을 갈아 주기도 하고 커피머신을 눌러 주며 바리스타가 된 것처럼 그 과정을 즐겼다. 조금 번거롭고 느리지만 함께 하는 데 의의를 두자 아이한테는 소꿉놀이로 이보다 더 좋은 것이 없었다.

정신없이 뛰어다니는 아이들이 차를 마주하는 이 시간은 아이들 스스로 자신의 생각을 말하고, 엄마는 아이의 생각이 얼마만큼 자랐는지, 아이가 지금 어떤 생각을 갖고 있는지 귀 기울이는 시간이었다. 티타임은 잔잔하고 편안함을 느낄 수 있는 진정의 시간이다.

물에 떠 있는 죽은 곤충을 먹고 산대요

읽기 독립은 조급하지 않게 천천히

설거지를 하고 있는데 명도가 묻는다.

"엄마! 소금쟁이는 물에 떠 있는 죽은 곤충들을 먹고 산대요."

"설마."

"진짜예요. 책에 나와 있어요."

"그래?"

나는 바로 장갑을 벗고 확인했다.

"어디?"

"여기요." 하며『곤충 도감』을 가리킨다.

"정말이네."

명도가 책을 혼자 읽고 있다는 증거를 확인한 순간이었다. 그동안 아이가 알아야 될 단어들을 다 알려 줬다고 생각했는데, 혼자 읽기보다는 언제나 읽어 달라고 했다. 그래서 아이가 글을 읽을 수 있는지 없는지 정확히 확인하지 못했다.

물론 이후에 책을 읽어 달라고 하지 않은 것은 아니었다. 스스로 읽고 싶은 부분을 읽기는 했지만 언제나 읽어 달라고 책을 가지고 올 때가 많았다.

우리가 영어 단어를 안다고 해서 영어책을 줄줄 읽을 수 없는 것처럼 한글 단어들을 안다고 책을 마음대로 자유롭게 읽을 수 있는 것은 아니다. '단어 끝' 그리고 '읽기 독립'이 아니라 조금씩 조금씩 혼자 읽기도 연습과 시간이 필요했다.

그리고 아이들은 눈으로 읽는 것보다 입으로 소리 내어 읽는 것을 더 어려워했다. 틀린 것은 지적하지 않고 넘어가 줬고 기다려 줬다. 내가 2줄 읽고 아이에게 1줄 읽게 하기, 혹은 내가 한 쪽 읽고 다음 쪽은 아이에게 읽게 하며 천천히, 다급하게 생각하지 않고 시간을 두고 시켰다. 물론 시키지 않아도 책을 많이 읽다 보면 저절로 되는 부분이 있기 때문에 기다림이 함께 한다면 아이는 해낼 수 있다.

명훈이의 경우 '읽기 독립'이 명도보다 더 빨랐다. 그동안 읽었던 책을 읽어 달라고 하지 않고 혼자 보기 시작하면서 독립했다. 명훈이가 읽기 독립을 빨리 했던 이유는 형이 엄마의 도움 없이 스스로 책을 보는 것을 부러워하며 혼자 책을 본다는 것은 '형아'가 되는 것이라고 생각하여 빨리 형아가 되고 싶어 했기 때문이다. 큰아이만 성공하면 둘째는 수월하다는 말이 맞았다.

명도가 36개월이 넘어서자 전과 다르게 칭얼거리거나 무조건 고집부리지 않고 자신의 감정 상태와 의견을 말로 표현하고 어떤 일에 허락을 받고 동의를 구하면서 아이들과 함께 있는 시간이 전과 다르게 안정되었다. 또한 그 시기가 다른 어떤 시기보다 부모가 하고자 하는 대로 아이들을 잘 이끌 수 있는 시기이기도 했다. 그래서 이 시기는 감정 조절뿐 아니라 올바른 습관 형성을 돕고 여러 가지 교육을 할 수 있는 중요한 시기다.

조선시대에는 아이가 젖을 떼고 말도 제법 할 때가 되면 본격적으로 바른 몸가짐과 글을 가르치기 시작했다. 글공부로는 우선 『천자문』을 가르쳐 글자 하나하나를 알아가도록 반복을 통한 암기 교육을 시켰다.

유교에서는 만 3세가 되면 인성을 위한 교육과 함께 조기 교육을 시

작했던 것이다. 이 시기가 되면 충분히 일상생활 지도와 학습을 할 수 있다고 여겼다. 우리 선조들은 단지 이 시기에 소근육 발달을 돕고 감성을 키우고 놀이하는 것만을 강조하지 않고 인성 교육과 조기 교육의 필요성을 알고 실천했던 것이다.

그러나 우려스러운 것은 부모들의 욕심으로 모국어도 못하는 아이들에게 외국어를 가르치고, 이로 인한 사교육비 부담으로 가계의 안정을 뒤흔드는 것이다. 무리한 교육들이 어린아이들에게는 학업 스트레스로 작용하고 부모는 맞벌이로 내몰리는 모습, 조기 교육의 그릇된 방법이 오히려 하지 아니함만 못하는 부작용들을 낳는 것을 많이 지켜보면서 안타까운 마음이다.

그 옛날 '낫 놓고 기역 자도 모르고' 한자도 알지 못하는 많은 부모들은 자식에게 자신의 배우지 못한 설움을 대물림하고 싶지 않아 없는 살림에도 자식을 서당에 보냈다. 그 덕분에 오늘날 우리는 대부분 고학력자들이며, 적어도 한글은 읽고 쓸 수 있게 되었다. 그래서 엄마는 이미 선생님의 기본 능력을 갖추고 있다고 생각한다. 의지와 인내심과 그 과정을 즐길 수 있는 여유만 있다면 누구라도 할 수 있다.

나 역시 글자 교육을 일찍 시켜 생기는 난독증이나 혹은 상상력이 떨어지고 창의력 발전에 저해가 되어 책을 볼 때 글자만 보고 그림을 보지 않는 부작용 때문에 아이들에게 한글을 일찍 가르치는 것을 망설였던 적이 있었다.

글자를 위한 글자 교육을 시키면 반드시 그런 부작용이 나타난다. 그러나 책을 읽어 줄 때 그림을 먼저 읽어 주고 상상하게 하며 많은 책을 접한 아이들은 절대 글자를 알았다고 그림을 보지 않고 글만 읽는 일은 없다. 또한 글자를 가르치기 위해 아이들을 다그치고 글자를 익히면서 발생하는 실패의 경험 때문에 아이들을 좌절하게 만드는 일이 없다면 난독증 또한 걱정할 것이 없다고 확실히 믿는다.

사슴벌레 잡으러 가요!

관심사를 책으로 연결하기

"엄마! 엄마! 통 좀 주세요."

"그래."

"곤충 도감 책도 주세요."

"알았어."

아침 먹은 식탁을 치우기도 전에 밖에서 명도가 부르는 소리가 들린다. 통에다 검정 벌레를 잡아넣고는 마루에서 『곤충 도감』을 펼쳐 찾기 시작한다.

"참검정풍뎅이처럼 생겼다."

"아니에요. 이건 등 밑에 모양이 달라요."

그러고는 책을 한참 동안 뒤진다.

"엄마, 이거 같죠?"

"그래. 큰 넓적송장벌레다."

"등판이 전체적으로 넓적한 것이 특징이고 죽은 지렁이 시체를 잘 뜯어 먹어요"

명도는 39개월쯤 봄부터 아침 밥숟가락을 놓기 바쁘게 곤충 채를 들고 밖으로 나갔다. 또한 잡은 곤충들은 『곤충 도감』과 『곤충 백과』를 찾아가며 그 특징을 알아 갔다.

5월 함평 나비 축제에 가서 책에 나오는 것이 아닌 진짜 장수풍뎅이와 사슴벌레를 본 후 『곤충 백과』에서 같은 부분을 하루에도 몇 번이고 다시 읽어 달라고 했다. 일주일쯤 지나고부터였다.

"엄마, 우리 사슴벌레 잡으러 가요! 참나무 진을 먹고 사니까 참나무가 많은 곳에 있을 거예요."

결국 우리는 사슴벌레를 잡으러 산으로 갔다. 물론 잡을 수 있을 거라고 생각하고 간 것은 아니었다. 아이들에게 사슴벌레를 잡기 위해 참나무를 찾고, 숲을 헤집고 다니는 경험과 추억을 만들어 주기 위해서다.

"명도야! 숲에 가도 못 잡을 수 있어. 알지?"

"네. 그래도 잡을 수도 있어요."

사슴벌레를 잡으러 가는 길에 딱따구리가 구멍을 뚫고 집을 지었던 비어 있는 딱따구리 집을 보기도 했다. 사실 난 참나무가 어떻게 생겼는지도 모르고 산에 올랐다. 한참을 땡볕에서 산을 오르다 남편이

"잠깐 여기 있어. 저쪽에 참나무가 많으니까 갔다 올게." 한다.

남편을 기다리고 있는 동안 명도에게 물었다.

"명도야! 장수풍뎅이와 사슴벌레는 낮에도 활동해?"

"아니요. 야행성이에요!"

"그렇지. 그러니까 지금은 못 찾을 것 같지?"

"네."

"우리 인터넷으로 사슴벌레를 사자."

"인터넷에서 팔아요?"

명도가 놀라서 나에게 되묻는다.

"응."

남편이 돌아오자마자 우리는 하산해서 인터넷으로 사슴벌레를 주문했다. 그날부터 책에 나오는 사슴벌레의 종류별 명칭과 짝짓기, 변태 등을 하루에도 수십 번 읽으며 사슴벌레를 가지고 놀았다. 사실 읽어 줄 때마다 이제는 지겨워서 보지 않겠다 싶었지만 아이는 한 번도 지겨워하지 않았다. 이는 아주 중요한 부분이다. 아이는 그 책이 읽을 때마다 새로운 책이었던 것이다.

명도가 곤충에 관심을 갖기 시작할 때 『곤충 백과』를 적기에 사 줬다. 첫날에는 책과 같이 자겠다며 책을 안고 잤고, 일어나자마자 책

을 펼쳐 보았다. 글을 몰라도 사진을 보는 재미가 있었고, 내용은 초등학교에서 배우는 학습 내용이 담겨 있어 정확한 정보를 습득할 수 있었으며, 반복해 읽은 내용은 글씨를 알아 가는 데 도움을 줬다. 약 5개월은 아침에 일어나면서부터 곤충을 잡을 때, 심심할 때마다 책을 보면서 적어도 매일 10회 이상 보았다. 그리고 점차 보는 횟수가 줄어들었다.

사슴벌레를 사고 얼마 후 명도 이모의 친구가 장수풍뎅이를 잡았다며 가져다주자, 명도는 책에서 장수풍뎅이와 사슴벌레가 싸우면 장수풍뎅이가 이긴다고 쓰여 있었다며 싸움을 붙였다.

그런데 책과 달리 사슴벌레가 이겼다. 책에서는 '가끔 지는 장수풍뎅이도 있다'라고 쓰여 있기도 했는데, 그 예가 바로 우리 집 장수풍뎅이였던 것이다.

처음에는 장수풍뎅이도 사슴벌레도 징그럽고 싫었지만 "엄마, 멋있지요? 이 큰 턱으로 먹이를 차지하거나 암컷을 차지하기 위해 싸워요. 진짜 멋있죠." 하는 명도에게 매일매일 세뇌(?)를 당하다 보니 나도 어느 순간부터 사슴벌레가 멋있게 보이기 시작했다. 좋다, 좋다, 좋다, 하다 보니 나도 좋아진 것이다. 남성미가 묻어나는 단단한 갑옷과 조각 같은 굴곡, 위엄 있는 뿔…. 이렇게 명도에게 동화되어 가며 함께 곤충을 알아 갔다.

—

"엄마! 지구에는 중력이 있어서 모든 것은 땅으로 떨어지잖아요.
우리는 떠다닐 수 없는데 어떻게 물고기는 물속에서 떠 있을 수 있어요?"

"명도야! 물고기는 몸속에 '부레'라는 공기주머니가 있어서 뜰 수 있는 거야."

"부레요?"

"응. 이 부레는 풍선처럼 부풀어 올라 뜰 수 있게 해 줘!"

아이의 생각이 자라는 모습이 마치 씨앗이 싹을 틔우고
그 싹이 자라 꽃을 맺듯, 아주 천천히 아름답게 눈에 보였다
그러나 그 모습을 눈에 담지 못하면 어느새 다 자란 열매만 보게 될 것이다

아이를
읽어 주는
이야기

Mother of storytelling

완전 탈바꿈과 불완전 탈바꿈이 뭐예요?

오고 가는 대화 속에 이루어지는 교육

아침에 마당에 나가 메뚜기 두 종류를 잡아 들고 명도가 신이 나서 어쩔 줄을 모르고 있다. 찾아보니 섬서구메뚜기와 두꺼비메뚜기를 잡았던 것이다.

"엄마, 나 이거 키울래요."

"그래. 메뚜기는 뭘 먹고 살까?"

"풀 먹고 살아요."

"그럼 풀도 넣어 줘야겠네."

"네."

작은 통에다 메뚜기와 풀을 넣어 놓고 『곤충 백과』, 『자연 관찰 동화』를 보기 시작한다. 『곤충 백과』를 보던 명도가 묻는다.

"완전 탈바꿈이 뭐예요?"

"명도야! 나비가 알에서 애벌레로 변했다가 그다음 뭐로 변하지?"

"번데기."

"그렇지. 그다음 나비가 되지. 이렇게 알, 애벌레, 번데기, 나비가 되는 것처럼 번데기 과정을 거쳐 완전히 다른 모습으로 변하는 거야."

"그럼 불완전 탈바꿈은 뭐예요?"

"메뚜기처럼 알에서 바로 애벌레로 됐다가 번데기가 되지 않고 바로 어른 메뚜기가 되는 거야."

얼마 후 이 뜻을 완전히 이해해 무당벌레, 사슴벌레, 장수풍뎅이, 나비가 완전 탈바꿈을 하고 메뚜기, 사마귀, 잠자리가 불완전 탈바꿈

을 한다는 것을 알게 되었다.

아이들과 저녁을 먹고 해안도로에서 산책을 하던 중 명도가 소리친다.

"어! 이거 무당벌레 애벌레예요."

"애벌레처럼 생기지도 않았는데?"

"아니에요. 이거 칠성무당벌레예요. 이 무당벌레는 완전 탈바꿈하는 칠성무당벌레예요. 칠성무당벌레는 애벌레 때부터 진딧물을 잡아먹어요."

명도의 그 말을 듣고 집에 돌아와 책을 찾아보니 명도의 말이 맞았다.

"내 말이 맞죠?"

"우와! 대단한데. 우리 아들 최고, 최고!" 하며 엄지손가락을 세웠다.

"우리 명도는 관찰력이 진짜 좋다니까!" 하자 매우 으쓱한 얼굴이다.

아이가 어려워할 것이라고 생각해서 설명해 주지 않을 때가 있었다. 하지만 그건 어른들의 생각으로 어려운 것과 쉬운 것을 판단하는 것이다. 명도에게는 세 돌이 지나고부터 액체, 고체, 중력 등의 단어에 대한 정확한 의미를 가르쳤다. 내가 모를 때는 찾아서 같이 배웠다.

자연에서 무조건 뛰어논다고 자연에서의 교육이 이루어지는 것은 아니다. 분명 정서적인 부분과 감성적인 부분을 이끌어 주는 것은 맞지만 교육은 지적인 부분도 함께 이끌어 주는 한 단계 더 높은 차원이라고 본다. 그리고 그 역할을 양육자가 할 수 있다고 믿는다.

물론 '이건 교육이야' 하며 의식해서 교육을 할 필요는 없다. '애들은 몰라도 돼'가 아니라 아이를 주체적인 한 존재로 대하다 보면 부모의 오고가는 대화 속에서도 자연스럽게 교육이 이루어지는 것이다.

와! 도롱뇽!

아이 스스로 흥미를 갖고 관찰할 권리

추위는 한풀 꺾였지만 아이들이 바깥에서 원 없이 놀기에는 아직 이른 3월, 남편이 마당 정리를 하던 중 밖에서 날 부른다.

"이거 봐! 봐!"

그리고 목소리를 낮춰서 조용히 묻는다.

"내가 돌 밑에서 자고 있는 도롱뇽을 발견했는데 명도 보여 줘도 돼?"

남편은 분명 명도가 도롱뇽을 방 안으로 가지고 들어갈 것이라 생각해 먼저 나에게 동의를 얻기 위해 물었던 것이다.

순간 두 마음이 생겼다. 명도가 도롱뇽을 한 번도 보지 못했기에 보여 주고 싶은 마음과 함께, 명도가 보고 나서 도롱뇽을 방에 가져와

노는 모습을 내가 계속 봐야 한다는 사실에 망설여졌지만 보여 주고 싶다는 마음이 더 컸던지 나도 모르게 입이 먼저 말을 했다.

"명도야! 아빠가 도롱뇽 잡았어."

말이 끝나자마자 명도는 뛰어왔고 명훈이는 "와! 도롱뇽, 도롱뇽, 도롱뇽!" 하며 마당을 뛰어다닌다.

"아직 잠에서 덜 깨어나 힘이 없어."

남편의 말은 아랑곳하지 않고 열심히 만져 본다.

사실 난 쳐다보지도 않아 어떻게 생겼는지도 모르고 있는데 명도가 방안으로 들어와 "양서류와 파충류 백과 찾아 주세요." 한다.

명훈이도 덩달아 책을 찾는다. 집에 있는 『양서류 · 파충류 백과』와 도롱뇽이 나온 『파릇파릇 봄동산』 책을 찾아 주었다.

명도는 책을 뒤적이더니 "이건 고리도롱뇽이에요. 아주 귀한 거예요. 아빠 이거 맞죠?" 흥분하며 무슨 새로운 발견이라도 한 듯 상기되어 있다. 명도가 크게 책을 읽는다.

⊙ 도롱뇽목 도롱뇽과 고리도롱뇽 ⊙

고리도롱뇽의 몸 색깔은 어두운 갈색 또는 검은색을 띠고, 가끔 노란색을 띠는 것도 있어요. 도롱뇽과 제주도롱뇽에 비해 작은 무늬가 파스텔로 칠한 것처럼 연하게 나 있지요.
1990년대에 우리나라 부산시 기장군 고리 원자력 발전소 주변에서 처음 채집되었고, 2003년에는 우리나라에만 있는 새로운 종으로 기록되었어요. 고리도롱뇽이 사는 지역은 주로 부산시 기장군과 울산시 울주군 지역이에요.
이른 봄, 산 주변의 논고랑이나 습지의 돌 또는 나뭇잎에 알 주머니를 붙여 낳는답니다.

책을 다 읽고 나서는 "이건 우리나라에만 있는 거예요." 하며 힘없는 도롱뇽을 이 손에서 저 손으로 옮겨 가며 가지고 논다. 그렇게 40분가량이 넘어서자 나는 더 이상 안 되겠다 싶어 명도에게 말했다.

"그러다 죽겠다. 도롱뇽도 휴식 시간이 있어야 하지 않을까?"

"네."

웬일인지 순순히 대답을 하며 도롱뇽을 흙이 깔린 통 속에 넣고 손을 씻으러 간다.

"엄마! 그런데 손에 분비물이 묻어서 안 지워져요."

다 이유가 있었던 것이다. 저도 분비물이 마음에 걸렸던 것이다.

"명도야! 도롱뇽은 습한 데 사니까 몸을 촉촉하게 하기 위해 분비물이 나올 수도 있어."

"그럴 것 같아요."

노란 이태리타월을 주며 명도에게 말했다.

"비누를 이 타월에 문질러 손바닥을 닦아 봐."

"어, 지워진다. 지워져요."

"근데 명도야! 도롱뇽 분비물이 몸에 해로울 수도 있어."

"책에 그런 것은 안 나왔던데요!"

"물론 그랬지. 왜냐하면 너처럼 손으로 가지고 놀았을 때를 쓴 건 아니잖아."

너무 만져서 도롱뇽을 죽일지도 몰라 이를 미리 방지하기 위한 나만의 대처법이었다.

점심을 먹고 나자마자 아이들이 도롱뇽을 꺼내 가지고 놀았던 책상 주변은 흙투성이가 되어 많이 더러워 보였다. 그래도 미리 예상을 한 터라 치우는 것이 그리 힘들게 느껴지지는 않았다. 저녁 먹고 나서도 가지고 놀았지만 분비물이 신경 쓰였는지 다음 날은 도롱뇽을 꺼내어 바닥에 놓고 만지지는 않았다. 그리고 그다음 날은 확인만 하고 또 그 다음 날도 확인만 하였다.

잡은 지 6일쯤 되는 날 남편이 말했다.

"명도야! 도롱뇽이 먹을 게 없어 죽을 것 같다."

아무 대답 없던 명도가 잠시 생각을 하더니 말한다.

"풀어 줘요."

남편과 풀어 주고 와서는 큰 소리로 말한다.

"엄마, 내가 도롱뇽 풀어 줬어요."

"우와, 잘했어." 하자 웃으며 우쭐해 하는 표정을 짓고 돌아선다.

사실 책에 나온 뱀, 도마뱀, 도롱뇽 사진만 봐도 징그러워 얼른 덮고 회피하기 바빴는데 아이들을 키우며 거미, 벌, 지렁이, 노린재, 사마귀, 이름 모를 벌레 등 만지지는 못하지만 주변에 있는 것쯤은 얼마든지 봐 주게 되었다.

아주 오래전 읽어 제목조차 기억하지 못하는 한 책의 내용이다. 2살 난 여자아이가 엄마와 논 가에 나와 엄마는 나물을 캐고 아이는 논두렁을 걸으며 놀았다고 한다. 나물을 한참 캐다 아이를 바라보니 누군가와 논두렁에서 대화를 하고 있는 모습을 본 엄마는 깜짝 놀랐다고 한

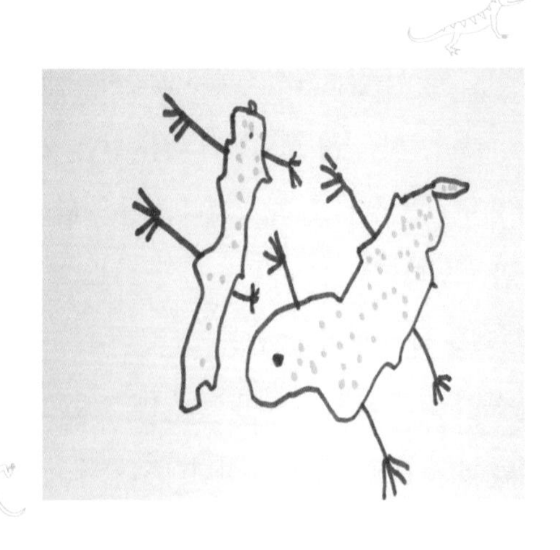

다. 아이는 뱀과 이야기를 하고 있었던 것이다. 아이 엄마는 아이에게 "뱀은 무섭지 않고 징그럽지 않아. 친구야."라고 말을 하지 못할 때부터 설명해 줬다고 한다.

아이들은 남자아이든 여자아이든 어떤 대상에 대해 싫고 좋고 무섭고 징그럽다는 상(相)이 없다. 특히나 나도 그러하듯 여자아이들이 곤충과 파충류 등을 싫어하는 요인들을 살펴보면 태어날 때부터 남자아이들과 다른 성향이 있기 때문이기도 하겠지만 양육자의 영향이 매우 크다고 할 수 있다.

나는 그 책을 보고 '내가 아이를 키우면 그런 상(相)을 만들어 주지 말아야지.'라는 생각을 했다. 내가 싫다는 이유로 아이의 흥미와 다양한 것들을 관찰할 권리까지 빼앗고 싶지는 않았다. 하지만 벌레든 파충류든 아이의 권리를 빼앗지만 않았을 뿐 그 이상을 넘지는 못했다.

엄마는 나를 사랑해요? 아빠를 사랑해요?

오이디푸스 콤플렉스와 엘렉트라 콤플렉스

남편과 내가 서로 안고 있자 "엄마는 내 거야! 저리 가." 하며 남편을 밀치며 명도가 우리 부부 가운데로 비집고 들어온다.

"엄마는 나만 사랑하지요. 나랑 결혼해요." 하더니 "엄마는 나를 사랑해요? 아빠를 사랑해요?" 하고 묻는다.

"엄마는 아빠랑 너랑 명훈이를 다 사랑하지."

"날 안 사랑하는구나."

"다 사랑한다고요."

"아빠를 사랑하지 마세요."

"그래, 아빠는 사랑하지 않아."

"엄마, 나하고만 얘기해요. 아빠랑은 얘기하지 마세요."

마침내 "너랑 명훈이만 사랑해."라고 내가 말하자 뭔가 승리를 했다는 의미의 웃음을 지으며 어깨를 으쓱거린다.

48개월쯤부터 나와 남편이 함께 이야기하거나 스킨십을 할 때마다 명도는 "엄마는 내 거야!"를 외치며 우리 부부 사이를 가로막았다. 심지어 "엄마! 아빠와 이혼하고 나랑 결혼해요."라고 했다.

"내가 손가락 안마도 해 주고 괴롭히지도 않잖아요."

첫아이를 갖고 임신 8개월쯤 되던 어느 날 저녁잠을 자다 추워 이불을 잡아당기려 했지만 손가락이 아파 힘을 줄 수가 없었다. 임신 중 면역력이 떨어져 관절염이 올 수도 있다고 하였다. 그때부터 지금까지 관절염은 나를 따라다녔고 무리하거나 손을 많이 사용한 날은 어김없이 그다음 날 손가락이 뻣뻣해지면서 잘 접히지 않았다. 그래서 명도가 내 손가락을 안마해 준다고 말한 것이다.

"명도야! 엄마랑 아빠가 사랑해서 너랑 명훈이를 낳았지. 너는 매일 아빠 언제 오느냐고 물어보는데, 만약 엄마랑 아빠가 이혼하면 아빠 안 와."라고 말하자 명도가 고개를 갸웃하지만 엄마를 혼자만 갖고 싶다는 생각에 어지러운 얼굴이다.

남편과 내가 손을 잡고 산책을 하면 "감히 내 색시를 넘봐! 용서하지 않겠다. 분리해. 명훈아." 하며 명훈이와 함께 힘을 합쳐 우리 사이를 갈라놓았다. 물론 명훈이도 이 시기가 찾아오면서 같은 과정을 겪었다.

오스트리아의 심리학자 지그문트 프로이트(Sigmund Freud)가 말한 발달 이론인 심리 · 성적 발달 단계를 보면 0~1세는 구강기, 즉 입으로 빨고 씹고 깨물기 등의 행동을 통해 쾌락을 느끼는 단계이며, 1~3세는 배설하는 행위로 쾌락과 성격 형성을 하는 항문기, 만 3~6세는 생식기 영역에서 쾌락을 느끼기 때문에 남근기로 발달 단계를 구분하였다.

이 남근기에 해당하는 남자아이는 엄마를 자신의 아내로 삼고 싶어 하고 아빠를 경쟁 관계로 생각하는 오이디푸스 콤플렉스(Oedipus complex)를 갖게 되고, 여자아이는 아빠를 자신의 애인으로 여기고 엄마를 경쟁하는 상대로 간주하는 엘렉트라 콤플렉스(Electra complex)를 갖게 된다고 한다. 그러면서 동성의 부모와 동일시하는 자연스러운 과정을 통해 사회화를 준비하는 시기이며, 이는 건전한 환경 속에서 성장하면서 남자아이들은 아빠를 닮아 가며 정체성과 사회성을 찾아가고, 여자아이들은 아빠가 사랑하는 엄마를 닮아 가고자 한다.

명도 역시 만 70개월이 넘어가자 아빠를 닮아 가고자 하며 아빠의 행동들을 따라 하는 '아빠 따라쟁이'가 되어 가기 시작했다.

남편이 아이들에게 엄마는 지켜 줘야 하는 대상이고, 보호해 줘야 하는 사람이라고 교육을 시키면서, 아이들은 무슨 일이 생기면 나에게 "우리 공주, 괜찮아요?" 혹은 "내가 도와줄까요?" 하며 무슨 중세 유럽의 기사(knight)처럼 행동했다. 아들 둘 키우는 집안이라면 평화를 위한 남편들의 묘안이 될 수 있다는 생각이 든다.

어느 날 명도가 "엄마! '나랑 결혼해 줄래요?'는 영어로 뭐라고 해요?"라고 묻는다. 그 후부터 언제나 "Will you marry me?"를 외치는 아들들이 있어 행복하다.

아들 둘을 키우는 내 모습을 보며 "집에 남아나는 게 없겠어요." 혹은 "엄마한테는 딸이 있어야지."라고 이야기하는 사람들도 있지만 자식의 성별을 내 마음대로 결정할 수는 없는 일이다.

6살 명훈이가 어느 날

"엄마! 나를 낳아 줘서 정말 고마워요."

"명훈아! 엄마 아들로 태어나 줘서 정말 고마워. 사랑해."

"엄마! 내가 딸이 아니어도 괜찮아요?" 한다.

그동안 어른들이 엄마한테는 딸이 있어야 한다며 딸 하나 낳으라는 이야기들을 명훈이가 이를 흘려듣지 않고 귀담아들었나 보다.

"명훈아! 엄마는 명훈이가 아들이어서 좋아." 하자 함박웃음을 지으며 "진짜요?" 한다. 그런 말을 들으니 명훈이에게 그저 미안했다.

남아 선호 사상으로 인해 오랫동안 '딸'이라는 이름의 여성들은 많은 차별을 받아 왔다. 그런데 요즘 들어 아들보다는 딸을 선호하는 시대에 살면서 아들 둘 가진 엄마는 그리 좋아 보이지 않는 듯하다. 그런데 주변을 보니 딸이라고 해서 꼭 부모에게 잘하는 것도 아니고 아들이라고 해서 꼭 부모에게 잘하지 못하는 게 아니었다.

바쁘다는 핑계로 어린 아들과 놀아 주지도 않고, 대화 한 번 제대로 해 본 적 없는 부모가 장성한 아들에게 "우리도 이제 대화 좀 해 보자." 한다. 하지만 그렇게 대화하자고 해서 쉽게 대화가 될 수 있는 게 아닐뿐더러 "아들 키워 봤자 하나도 소용없다."는 말을 하게 만든다. 아들이 문제였을까?

어느 날 60세가 다 된 아들이 80세 노모를 진심으로 극진하게 모시는 모습을 보며 '어떻게 저렇게 극진할 수 있지?' 하는 생각을 하면서 '저 어머니는 어떻게 아들을 키웠지?' 하는 생각을 한 적이 있다. 아들이다, 딸이다가 중요한 게 아니라 결국 부모가 자식을 어떻게 키웠는지 뒤돌아보아야 한다는 것이다.

우리 스스로 무엇이 좋다고 고정 지을 필요는 없다. 그것은 결국 또 다른 피해를 만들어 내는 것이다. 그 어떤 아들, 딸도 소중하지 않는 존재는 없다. 그 존재 자체가 소중하기 때문이다.

31 Look at the sky!

영어 단어를 듣고 말하기

파란 하늘이 맑게 드러난 오후, 무당벌레를 잡고 있는 명도가 갑자기 "Look at the sky!" 한다.

"It's a beautiful sky!" 하며 순간 태연한 척 대답했지만 사실 나는 깜짝 놀랐다. '우와! 드디어 말을 했구나.'

아이들에게 영어의 접근은 영어책을 읽는 것에서부터 시작하였다. 명도가 좋아하는 그림책으로 시작하여 38개월이 넘으면서부터 영어 비디오와 영상물을 보여 주기 시작했다. 본의 아니게 둘째가 큰아이와 함께 영어 영상물을 보면서, 명훈이는 18개월 때부터 보기 시작했다.

명훈이가 24개월이 넘은 어느 날이었다. 누가 포도즙을 먹고 나서 포도즙 팩을 흔들어 벽에다 좍 뿌려 놓은 자국을 보고 아이들에게 내

가 물었다.

"누가 이랬어? 명도야?"

"내가 안 그랬어요."

명도의 대답 이후에 명훈이가 머리를 긁적이며 "Sorry." 한다. 이때는 명훈이가 '미안해'라는 한국말도 하지 못했을 때다. 언어라고 하는 것은 결국 들어 보고 사용하며 의미가 전달되었을 때에야 비로소 언어의 구실을 한다고 할 수 있다.

그러나 확실한 것은 무조건 영상물을 많이 본다고 해서 영어를 잘하는 것은 아니라는 점이다. 그 뜻을 전혀 알지 못하면 그림만 보며 이야기를 만들어 내기 때문에 그저 만화를 보는 것과 다름이 없다. 아이들에게 영어 비디오를 보여 줄 때는 대부분 내가 옆에서 설명해 주면서 아이들이 영어를 알아들을 수 있도록 도와주었다. 많은 영어 비디오 중에서 우리 아이들에게는 '뽀로로'가 제일 적합했다.

식탁 밑으로 물건이 떨어지자 명도가 "I got it." 하며 잡아 든다. 아침 식사를 할 때 '까이유(Caillou)' 오디오를 틀어 놓자 아이들은 그 상황에 맞는 쓰임새를 알아 가면서 영어 듣기를 하였다. 예를 들면, "엄마! 스티키(sticky)가 뭐예요?, 포레스트(forest)가 뭐예요?" 하며 물었다. 또한 영어 명작 동화도 돌아가며 틀어 놓았다. 『A wolf and seven little goats(늑대와 일곱 마리 아기 염소)』를 읽은 후 식사 시간 동안 틀어 놓으면 알아듣는 내용들이 나오면서 흥미로워 했다. 그리고 수수께끼 놀이도 많이 해 줬다. 아이들이 좋아하는 곤충의 색깔과 모양들을 구체적으로 표현하며 반복되는 단어들을 기억하는 놀이다.

"This is an insect. It is small and round. And its color are red and black." 하면 아이들은 "ladybug!" 한다.

기본적으로 색깔, 모양, 동물, 날씨, 숫자, 물건 이름 등은 책을 통해 인지시켰고, 비디오 보기와 음성으로 영어 듣기 환경을 만들어 주었다. 책을 한 번 보았다고 아이들이 바로 기억하는 게 아니기 때문에 '영어를 가르쳐야겠다!'라고 생각하며 부담스럽게 읽어 주기보다는 편하게 그림책 읽어 준다고 생각하며 아이가 책을 가지고 왔을 때마다 그저 읽어 주었다.

『Where's tiger?』 혹은 『Where's flower?』 책에 있는 그림들을 물어보며 아이가 손가락으로 짚어 보게 하였다.

그러다 모르는 단어가 나오면 사전을 찾아가며 알려 주었다. 중요한 것은 아이가 영어 단어를 알고 있는지 무리하게 확인하려 들지 않아야 하며, 또 모른다면 알 때까지 알려 주고 말해 주면 된다. 알파벳을 인지시킬 때는 몸으로, 또는 물건으로 알파벳을 만들어 보며 함께

놀았다.

어느 날 베이컨을 먹던 아침이었다. "Bacon is no meat. Meat is cup. Cup is glasses. Glasses is clock. Clock is door. Door is ceiling. Ceiling is sky." 하면서 겉으로 보기에는 명도가 말도 안 되는 단어들을 늘어놓는 것 같았지만, 나름대로 의미를 부여하며 연결 고리들을 만들어 가는 모습을 보았다. 이를 보며 틀렸다, 맞았다 하기보다는 아이가 입 밖으로 영어를 내뱉었다는 데 의미를 두었다.

언어란 의사 전달이 무엇보다 중요하다고 생각하기 때문에 아는 단어들을 잊지 않고 기억할 수 있도록 산책을 할 때도 아이들이 정확히 인지할 때까지 책에서 보았던 것을 중심으로 상기시켰다.

물론 우리 아이들이 2개 국어를 하는 부모 밑에서 자란 것은 아니기 때문에 영어를 유창하게 하는 것은 아니었다. 그러나 외국인을 만나 영어를 듣고 자신이 아는 것을 말하는 데 있어 아이들이 두려워하기보다는 즐거워하는 것을 볼 수 있었다.

갈리미무스는 잡식이에요? 육식이에요?

환경에 따라 깊이가 변하는 아이의 호기심

찰칵, 찰칵. 명도가 아침에 눈을 뜨자마자 사진을 찍고 돌아다니며 "흔적을 남겨야죠." 한다. 화장실에 들어가는 나를 찍어 대며 놀더니 화장실에서 나와 보니 공룡 책을 보고 있다. 아침 식사를 준비하고 있는데 명도가 묻는다.

"엄마! 갈라미무스는 잡식이에요? 육식이에요? 공룡 백과에는 육식이라고 나와 있는데 어린이 공룡 백과에서는 잡식이래요."

"다른 공룡 책을 찾아봐."

명도가 한참 공룡을 좋아할 때 서점에 가면 공룡 책만 사는 바람에 집에는 공룡 백과 4권에 공룡이 등장하는 이야기 책 5권이 있었다. 그래서 이제는 공룡 책을 사 주지 말아야지 싶었는데, 이날 책 4권을 펼쳐 찾아보니 명도의 말처럼 2권은 잡식, 2권은 육식이라고 나와 있었다. 그러자 명도가 다시 묻는다.

"그럼 잡식이라는 소리예요? 육식이라는 소리예요?"

"책 속에 풀을 먹는 공룡에서 발견되는 위석이 발견되었다는 내용이 있으니까 잡식이 아닐까?"

"아니에요. 육식이에요."

명도가 이렇게 말한 이유는 명도 자신이 초식 공룡보다 육식 공룡을 더 좋아하기 때문이라는 것을 잘 안다.

"명도야! 공룡은 사람이 직접 본 게 아니고 화석을 발견해 추측을 한 것이기 때문에 정확히 모를 수도 있어."

그리고 얼마 후 "아마도 잡식이겠죠?"

사실 나는 명도가 벌써 책마다 다른 점을 찾았다는 것이 놀라웠다. 매일 공룡 책을 펼쳐 놓고 보는 명도를 보며 뭘 알까 싶었는데 아이는 매 순간 집중하여 책의 내용을 머릿속에 집어넣고 있었던 것이다.

명도는 탈것에 이어 로봇을 좋아했고, 그다음 곧바로 공룡에 관심을 갖기 시작했다. 공룡에 빠지면서 해당 공룡이 어떤 종류인지, 중생대

말기인지 후기인지 쥐라기인지, 그 공룡이 살았던 시대까지 알고 싶어 했다. 그래서 서점에 가면 공룡 책만 사려고 했고, 공룡 화석이 발견된 나라 이름까지도 알고 싶어 하면서 세계 지도에도 많은 관심을 갖게 되었다. 어느 날 서점에 갔을 때 남편이 물었다.

"공룡 책이 있는데 왜 또 사 줘?"

"어. 이 책에는 이 공룡이 안 나와 있어서."

매일 공룡 책을 읽어 주다 보니 나도 책에 뭐가 있는지 없는지 정도는 알고 있었다. 또한 서로 내용을 비교할 수 있는 책들이 있는 것이 더 좋다고 생각이 들었다.

또한 아이가 언제까지나 공룡에만 관심을 갖게 될 것 같아 보였지만 아이의 호기심과 함께 어떤 환경이 제공되느냐에 따라 그 깊이의 정도가 다르며, 또 그 관심은 점차 다른 곳으로 옮겨 가게 된다. 그러므로 아이가 어떤 것에 관심을 갖고 있을 때, 그에 따른 풍부한 환경들을 조성해 주는 것이 좋다. 다양한 모형을 가지고 놀아 봄으로써 단순한 관심을 넘어 대상을 깊이 있게 알아 가는 과정이 될 수 있고, 특히 책을 통한 꾸준한 접근은 아이가 책을 흥미롭고 재미있는 장난감으로 여길 수 있도록 만들기 때문에 아이로 하여금 더욱 책과 친해질 수 있는 환경을 만들어 줄 수 있다.

명훈이 역시 29개월부터 공룡에 빠지는 시기가 왔지만 당시에 명훈이와 충분히 놀아 주지 못했다. 그래서 명도만큼 공룡을 깊이 있게 알지 못하고 명훈이의 관심이 곧바로 곤충으로 넘어갔다. 공룡 놀이를 충분히 하지 못했던 명훈이는 6살이 되어 다시 공룡에 관심을 갖고 푹 빠지기 시작했다. 아이가 어떠한 놀이에 빠질 때는 그에 맞은 놀이 환경을 충분히 제공해 주어야 그다음으로 넘어갈 수 있는 힘을 줄 수 있다.

화석이 발견되었어요!

아이의 집중력을 방해하지 않기

밀가루에 물을 넣고 오일을 넣어 반죽을 하자 명도가 “엄마, 나 어른 돼서 요리사 될 거예요.” 하며 반죽을 가지고 놀고 싶어 기다리고 있다. 처음에는 반죽을 뚝뚝 뜯어 던지고 놀더니 “엄마, 박물관을 만들래요.” 한다. 식탁 위에 밀가루 반죽 덩어리를 보기 좋게 일렬로 전시해 놓고는 “이것은 산토끼 똥이에요. 이것은 말똥인데 아주 특별한 똥이에요.” 하면서 하나하나 똥 이야기로 반죽을 설명한다. 사실 내가 보기에는 그냥 뜯어서 올려놓은 덩어리들처럼 보였다.

반죽을 납작하게 밀어 그 위에 공룡 모형을 올려 주었다. 반죽에 공룡 발자국이 찍히자 신기하고 재밌었는지 아이는 그때부터 집에 있는 공룡 모형을 다 가지고 와 발자국, 꼬리, 몸 등을 찍어 보며 공룡 화석 놀이를 하기 시작했다.

“공룡 꼬리 화석도 발견되었어요. 그래서 지구상에 엄청난 화석이 발견되었어요. 데이노니쿠스도 찍혔고요. 익룡의 부리 모습도 찍혔어요.”

이어 스테고사우루스 모형의 앞발과 뒷발, 골판을 반죽에 찍었다.

“화석으로 남는 거지요. 부경고사우루스 머리가 발견됐어요. 파키케팔로사우루스의 약한 꼬리 모습도 발견되었어요. 익룡 날개까지 발견되었어요. 그래서 박물관에 화석이 전시되었어요.”

혼잣말로 중계방송을 한다. “이것은 뉴스에 나올 거예요.” 하며 진지하게 놀고 있다. 명도가 이렇게 밀가루 반죽으로 화석을 만들고 있을 때 명훈이는 『누구의 알일까?』 책을 보며 “병아리 알 까. 오리 알 까. 악어 알 까.” 하며 밀가루 반죽으로 알을 만들고 있다.

그래서 기회는 이때다 싶어 명훈이에게 글자 놀이를 해 주고 있을 때 명도가 나를 불렀다.

“엄마, 근데 이건 엄마가 올려 주세요. 내가 떼다 찢어질 거예요.”

방바닥에 밀가루 반죽을 얇게 눌러 공룡 모형을 찍다보니 반죽이 쉽게 떨어지지 않아 나에게 도움을 요청한 것이었다. 명도는 공룡 모형 자국이 찍힌 밀가루 반죽에 대해서도 “이거 치우지 말고 아빠 올 때까지 기다려요. 그리고 아빠가 와도 이거 치우지 마세요.”라고 신신당부를 한다.

뼈는 뼈대로, 이빨은 이빨대로 생각보다 분류를 잘해서 깔끔하게 정리를 하는 명도를 보며 한참 공룡에 빠져 있을 때 공룡 박물관에 가서 보고 배웠던 힘이 이렇게 발휘되는구나 싶어 흐뭇했다

남편이 집에 돌아온 후, 명도는 비슷하게 생긴 뼈들을 틀리게 말할 법도 한데 나에게 설명했던 대로 남편에게도 똑같이 해 주었다.

이렇게 처음에는 미술 놀이로 시작했지만 수 놀이로 바로 연결하며 우리는 뉴스 인터뷰 놀이까지 하게 되었다.

"화석이 몇 개나 발견되었나요?"

"악어 골판까지 발견되어서 7개 발견되었습니다."

"박사님! 발견된 화석을 설명해 주세요."

"이건 타르보사우루스 골반이고요. 이 작은 것은 발톱입니다."

"이건요?"

"이게 시조새 화석이에요."

한참 화석 놀이를 하더니 명도가 말한다.

"엄마, 나 어른 돼서 요리사 안 될 거예요."

"그럼?"

"공룡 파충류 박사님 될 거예요."

"그렇게 해."

우리는 뉴스 인터뷰 놀이를 30분이나 더 하고 나서 놀이를 끝냈다. '밀가루 공룡 화석' 작품을 3일간 그대로 전시를 해 두고, 명훈이를 위해 '박물관'이라는 글자를 붙여 두었다.

또래끼리의 놀이도 좋지만 어른들과의 놀이는 아이를 좀 더 성숙한 이해와 경험으로 이끌 수 있는 장점이 있다. 또한 아이 자신이 알고 있는 정보를 말해 보는 놀이들은 말하는 연습과 더불어 아이 나름대로 이해의 체계를 잡아 가는 경험으로서 매우 좋은 방법이 된다.

엄마가 봤을 때는 별것 아닌 하찮은 것처럼 보이지만 아이가 하는 행동들을 살펴보면 아이의 입장에서는 매순간 고도의 집중력이 발휘되는 의미 있는 행동들이다. 아이의 집중력을 키우기 위해 아이가 무엇인가를 열심히 하고 있을 때는 그것을 방해하지 말아야 한다. 책을 보고 있는 아이의 엉덩이를 두드린다든지, 블록 놀이에 집중하고 있는 아이를 갑자기 부르거나, 개미들이 메뚜기 시체를 끌고 가는 모습을 땡볕에서 쪼그리고 앉아 지켜보는 아이를 방해하지 않는 것만으로도 아이의 집중력을 키우는 비결이 된다.

파브르처럼 곤충학자가 될래요

말로 아이의 가능성을 닫아 버리지 말 것

무더위가 기승을 부리던 여름, 곤충과 사랑에 빠져 헤어 나올 줄 모르는 44개월 된 명도의 피부색이 커피색에 가까워지고 있을 무렵 아주 조심스럽게 『파브르』 책을 보여 줬다. 위인전이다 보니 내용도 길고 책

도 두꺼웠지만 살짝 욕심을 부렸다.

"명도야! 명도처럼 곤충을 매우 사랑한 사람이 있었대. 앙리 파브르라는 사람인데 한번 봐 볼래?"

"응."

명도가 고개를 끄덕인다.

"프랑스의 세리냥이라는 작은 마을에 외딴 집이 한 채 있었어요. 그 집에는 큰 창문이 여러 개 있었는데 늘 열려 있었지요…. 땅바닥에 엎드린 채 몇 시간씩 곤충들을 살펴보곤 했지요."

지루해 할 수 있는 부분은 읽지 않고 살짝 넘어가 줬다. 명도는 금방 파브르 책에 빠져들었다. 매일 아침, 점심을 먹을 때마다 책을 읽어 달라고 했다. 사실 아이가 입속에 밥을 넣고 씹다 보면 생각만큼 꿀떡꿀떡 잘 삼키지 못하고 씹는 동안 무료해 하거나 돌아다니며 놀고 싶어 했다. 그래서 아이를 밥상에 앉혀 놓으려고 책을 읽어 주기 시작했다.

밥을 먹으며 책을 읽어 주다 보면 1시간이 훌쩍 넘어갔지만 집중도가 높아 자주 그렇게 해 줬다. 아이에게 책 보는 것은 즐거운 일로 여기게 해 주고 싶었기 때문이다. 또한 아이가 곤충을 잡으러 나가게 되면 오전에 책을 볼 시간이 없기 때문에 식사 시간을 이용했다. 그러다 보니 매번 내가 밥을 늦게 먹거나 밥상을 10시까지 치우지 못하는 일이 다반사였다.

그렇게 밥을 먹고 나면 명도는 옷을 입고 마당에 나가 흙을 만지고 곤충을 잡으며 놀았다. 또한 파브르 책을 본 이후 명도는 흙바닥에 배를 깔고 엎드려 곤충을 관찰하는 것을 좋아했다.

"명도야! 그렇게 하면 옷이 더러워지잖아!"

"파브르도 이렇게 관찰했어." 하며 할 말을 잊게 만든다.

명훈이도 덩달아 배를 깔고 놀았다. 나는 빨래가 2배로 늘었고 옷은 흙물과 풀물로 잘 지워지지 않았다. 그리고 명도는 이후 석 달이 넘도록 출판사가 다른 파브르 책을 번갈아 가며 수시로 보았다. 급기야 파브르의 『곤충기』를 사 달라고 졸라 총 30권 중 첫 번째 책을 인터넷으로 구입해 주었다.

그런데 주문해서 온 책은 어른들이 보는 두꺼운 책에 글씨가 아주 깨알만 했다. 남편과 내가 돌아가며 읽어 줬고 명도는 내용을 아는지 모르는지 수시로 펼쳐서 보았다. 그래도 다행인 것은 책에 그림과 사진들이 많이 실려 있어 아이가 흥미를 잃지 않고 꾸준히 볼 수 있었다. 파브르 책을 본 이후로 명도는 커서 곤충학자가 되는 것이 꿈이 되었다. 어른들이 "명도야! 커서 뭐 될래?" 물으면 명도는 "파브르처럼 곤충학자가 될래요." 한다. "무슨 곤충학자야? 의사나 훌륭한 사람 돼야지." 해도 "아니에요. 곤충학자 될래요." 하며 악을 쓰며 말한다.

우리 부부는 "그래. 곤충학자 돼. 곤충학자 되려면 관찰력도 좋아야 하고 집중력도 좋아야 돼. 그리고 파브르처럼 책도 많이 봐야 하고."

그러면 명도는 그 말이 끝나자마자 파브르 책을 보았다.

아이들의 꿈은 수시로 바뀐다. 어떨 땐 요리사, 어떨 땐 택배 아저씨, 스파이더맨, 영화감독…. 그런데 이렇게 수시로 바뀌는 아이들의 꿈을 어른들이 짓밟는 경우가 많다. 어른들의 편협한 견해로 인해 아이들의 호기심과 놀이를 망치거나 표현력을 죽이는 행동들을 어른들이 자신도 모르게 하고 있는 것이다.

명훈이가 6개월 때 예방접종 후에 열이 오르기 시작했다. 해열제를 먹여도 효과는 잠시뿐 열이 다시 오르고 올라 결국 새벽 1시에 응급실로 향했다. 병원에서는 아이에게 감기가 있는 상태에서 예방접종을 한 것 같다고 했다.

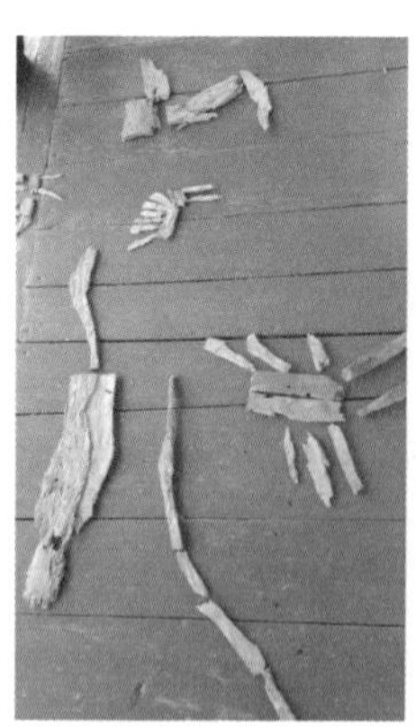

입원해 있는 동안 거기서 만난 한 엄마는 다섯 살 남자아이와 일곱 살 여자아이를 데리고 있었는데 남편이 식당을 운영하고 있었다.

"아유! 매일 택배 배달 놀이나 음식 배달 놀이만 해요. 속 터져 죽겠어요. 커서 음식 배달부 된대요."라고 아이 엄마가 한탄스럽게 말을 한다. "영어도 하고 있는데 통 몰라요." 일곱 살 딸아이의 얘기다.

"한글 시작했는데 관심이 없어요."라고 다섯 살 아들 이야기도 한다. 옆에 함께 있던 아이들의 얼굴에는 덤덤한 무표정함 속에 그런 말을 하는 엄마에 대한 못마땅함이 함께 묻어났다.

그 엄마는 한 달에 드는 교육비의 본전 생각에, 아이가 무언가를 배우며 커 가는 그 과정을 함께 즐기지 못하고 배움의 결과만을 기다렸고, 아이가 하는 자연스런 놀이들을 하찮은 일로 여겨 인정해 주지 못하고 있었다.

다섯 살 아들은 세상에서 택배 배달 놀이가 가장 재미있어 그 놀이를 통해 세상을 탐구하고 배워 가는 과정인데, 그 놀이 자체가 한심하게 보였던 엄마는 벌써 택배 배달은 가치 없는 일로 인식시키고 한글 공부를 더 하고 싶지 않게 아이를 세뇌시키고 있었다.

'중학교 3년, 고등학교 3년, 심지어 대학에서 배운 영어까지, 오랜 시간 동안 영어를 배운 우리 어른들도 실제로는 영어를 자유롭게 구사하지 못하는데, 일곱 살 아이가 배운 대로 잘할 거라고 기대하는 것은 엄마의 지나친 욕심이 아닐까?'라는 생각과 함께 혹 나도 이처럼 편협한 시각에서 나온 말로 아이의 가능성을 닫아 버리고 무시하며 아이들에게 상처 주지는 않았는지, 결과만을 바라며 아이들을 채근하지는 않았는지 뒤돌아본다.

명도, 명훈이가 앞으로 자라서 어떤 직업을 가진 어떤 사람이 될지는 아무도 모른다. 그리고 우리 부부에게는 아이들이 어떤 일을 했으면 하고 바라는 직업도 없다. 우리 부부가 바라는 것은 아이들이 커서 돈을 많이 버는 것도, 권력과 명예를 얻는 것도 아니다. 자신이 하고 싶은 일을 하고 그 일을 하는 데 있어 최고가 되기를 바라며, 행복했으면 좋겠다. 더불어 세상에 도움을 주는 사람이 되기를 바란다.

링컨처럼 생각해 보세요

위인전에서 얻는 자신감과 용기

'붕붕' 차 소리가 나자 명도가 밖으로 뛰어나간다.

"엄마, 로봇피쉬 왔어요." 하며 상자를 안고 들어온다. 집에서 40~50분 거리에 있는 '목포 어린이 바다 과학관'에 다녀오면서 아이들이 '로봇피쉬(robot fish)'를 알게 되었고, 결국 인터넷으로 주문을 하여 택배가 도착한 것이다. 며칠을 기다린 터라 아이들의 간절함은 이루 말할 수 없었다.

명도가 상자를 뜯어 "주황색은 내 거고, 이 분홍색은 네 거다." 하며 명훈이에게 내민다. 명훈이도 좋아서 두 손에 안고 펄쩍 뛴다. 설명서를 읽고 건전지를 넣어 주자 꼬리지느러미가 움직인다. 어른인 내가 봐도 신기한데, 아이들은 좋아서 어쩔 줄 몰라 하며 빨리 물속에 넣어 보고 싶어 야단이다.

"명도야, 주의 사항 읽어 봐."

"10분 물속에서 활동하고 10분 물 밖에서 쉬어야…."

명도가 주의 사항을 읽는다.

"10분 물속에서 활동하고 물 밖에서 쉬는 시간을 가져야 해."

나는 다시금 주의 사항에 대해 말해 주고 아이들 각자의 통에다 물을 담아 주었다. 물속에 로봇피쉬가 들어가자 "움직인다. 움직여!" 하며 아이들이 움직이는 로봇피쉬를 잡으려 물속에 손을 넣고 놀기 시작한다.

"엄마, 10분 됐어요. 휴식 시간을 가져야 돼요." 하며 명도가 로봇피쉬를 꺼낸다. 명훈이는 꺼내다가 통에 담긴 물을 엎고 옷소매뿐 아니라 온몸이 홀딱 젖어 옷을 갈아입고 나서, 10분이 지나고 다시 놀이를 시작했다. 그렇게 아이들은 10분 쉬고 30분 놀고, 점심 먹고 40분 놀고 15분 쉬며 계속해서 놀았고, 오전 10시 30분에 도착한 로봇피쉬와 나의 전쟁(?)이 그렇게 시작됐다. 이미 예상은 했지만, 그날 오후 4시 30분이 되어 갈 무렵 나는 완전히 지쳐서 말할 힘도 없었다.

"이게 마지막이야." 하며 아이들에게 물을 받아 주고서는 겨우 엉덩이를 붙이고 앉았는데, 잠시 후 "엄마, 명훈이가 또 물 쏟았어요."라고 명도가 소리친다. 나는 걸레로 바닥을 닦으며, 더 이상은 안 되겠다 싶어 아주 나지막한 목소리로 "로봇피쉬, 반품해야겠다."라고 말했다. 어떻게 들었는지 "안 돼요!" 하며 명도가 소리를 지른다.

그래서 "그럼 명훈이를…." 하며 내가 혼잣말처럼 작게 말한 것을 듣고 명도가 말한다.

"링컨처럼 생각해 보세요. 사람은 노예처럼 사고팔 수 있는 것이 아니에요. 사람은 소중한 거예요. 그리고 물고기가 잘못한 것도 아닌데 왜 물고기를 반품해요? 어류도, 양서류도, 파충류도 다 자연인데 왜 엄마는 자연을 좋아하지 않는 거예요? 개미도, 도마뱀도, 풀도, 나무도…."

순간 지치고 요란스러웠던 마음이 바뀌고 웃음이 나왔다. '이 녀석이 이제는 많이 컸구나!' 싶어서였다. "그래. 네 말이 맞다. 100번 맞다."라고 내가 웃으며 이야기하자 명도는 "애를 키우는 것은 쉬운 게 아니에요."라고 하며 부엌을 나선다.

만 49개월이지만 벌써 자연이 무엇인지 알고, 그리고 사랑해야 한다는 것을 알고, 이제는 오히려 나에게 설교를 하고 있으니…. 피곤이 가시는 내 마음을 보며 '아이는 이렇게 조금씩 성장해 가는구나.' 싶었다.

성공했다는 생각도 들었다. '집에서 나랑 노는 것이' 그리고 이렇게 소소한 것에 행복을 느낄 수 있어 감사했다.

명도에게 조금은 이른 감이 있지 않나 싶을 때, 위인전 읽기를 시작했다. 이유는 더 이상 읽을 책이 집에 없었기 때문이기도 했다. 보통 권당 적어도 50회, 많게는 100회 이상을 보면 아이가 더 이상 그 책을 보지 않았다. 그럴 때면 다음에는 어떤 책을 제공해 줘야 하는지가 고민이었다. 그런 와중에 시누이가 준 여러 위인전 중에서, 곤충에 관심이 많은 명도의 흥미를 고려해 『파브르』를 시작으로 『사다함』, 『링컨』, 『이순신』, 『에디슨』, 『뉴턴』, 『김유신』, 『헬렌 켈러』의 순으로 위인전을 접했다. 이 중에서도 특히 칼싸움을 하고 전쟁을 하는 책들을 좋아했다. 처음 위인전을 읽기 시작하여 7살 때까지는 모두 읽어 주었다. 아

이가 글씨는 알아도 그 뜻을 잘 이해하지 못하고 있었기에 읽는 동안 계속 물어보고 답해 주며 책을 읽어 주었다.

"노예가 뭐예요?"

"차별이 뭐예요?"

"경형(黥刑)이 뭐에요?"

"볼모가 뭐예요?"

그렇게 책을 읽다 보니 아이의 어휘력이 풍부해져 갔다. 아이가 원할 때마다 수없이 책을 읽어 주었다. 그러자 책의 흐름과 연관성을 아이 스스로 알아 가고 찾아 갔다.

명도가 7살 때, 명훈이가 『김유신』 책을 보자 "명훈아! 옛날에는 신라, 백제, 고구려로 우리나라가 나누어져 있었어. 김유신은 신라 사람이라 화랑이 된 거야. 화랑은 백제, 고구려에는 없고 신라에만 있어." 하고 설명하는 것을 들으며 '아이가 그저 글만 읽는 게 아니라 책의 내용을 머릿속에 정리해 나가는구나.'라는 확신이 들었다.

이순신에 한참 빠져 있을 때는 판옥선과 거북선을 사 달라고 졸라 모형을 사서 만들어 보고, 거북선 블록을 사기도 하고, 명량 해전이 벌어졌던 해남의 울돌목에 직접 가서 물살을 보기도 했다. 전시관에 가서는 판옥선을 보고 흥분하여 "엄마! 판옥선이에요. 이건 전투선인데 조선 시대 처음으로 전투선을 만들어 전쟁 때 사용한 거예요." 하며 마치 역사 속으로 들어간 아이 같았다.

아이가 집중하는 시선에 따라 그에 맞는 환경을 만들어 깊이 있게 책과 연관을 지으며 더 많은 것들을 알아 갈 수 있게 돕고, 위인들의 업적들을 인지할 수 있도록 놀이 환경을 제공하기도 했다.

사실 아이를 위한 위인전이었지만 위인전을 읽어 주다 보면 나에게도 '아! 이런 일들도 있었구나.' 하며 새롭고 가슴에 와 닿는 내용들이 많았다. 지친 육아 속에서 '힐링'할 수 있는 시간이 되고, 내가 지금 하고 있는 일에 대한 자신감과 겸손함, 더불어 용기를 위인들에게서 얻을 수 있었다. 그래서 위인전은 아이들에게만 필요한 것이 아니라 엄마에게도 많은 도움이 되는 필독서이다.

늦반딧불이에요

아이의 관심사에 함께 집중하기

명도가 『곤충 백과』 책을 보며 "엄마! 반딧불이 꽁무니에서 불이 나오는데 뜨겁지 않대요!"라며 신기해 하면서도 '정말일까?' 의심하는 얼굴이다.

"엄마, 반딧불이 사요."

"명도야! 사슴벌레처럼 주문하면 살 수 있는 게 아니야. 반딧불이는 어디에 산대?"

"청정한 곳에서요."

"그래, 청정 지역에서만 사는 거야. 그리고 엄마도 본 적이 별로 없어."

"그래도 한번 찾아봐요."

그래서 인터넷으로 찾아보니 종이로 만드는 모형이 있어 구입을 해 주었다. 반딧불이 모형이 도착해 함께 풀을 붙이고 입체적으로 만든 후, 아이들이 책과 대조해 가며 매일 가지고 놀아 종이가 너덜너덜해질 무렵, 우리보다 길용리에 오래 거주한 지인이 8월 말쯤 우리 집에 방문하였다.

손님이 오자 명도는 자신이 제일 좋아하는 종이 반딧불이 모형을 내밀며 "애반딧불이예요!" 하며 소리를 지른다. 내가 자초지정을 말하자 지인은 "여기 학교 근처에 반딧불이 살아요." 하신다. 갑자기 명도의 얼굴이 환하게 빛난다.

"정말이에요?"

"응."

"와!"

명도의 신나는 함성과 함께 우리는 당장 옷을 입고 집을 나섰다. 한참 걸어 지인이 말한 학교 근처에 도착했다. 옅은 어둠 속을 깨고 "어! 반딧불이다!" 하며 명도가 소리를 지른다. 정말 작고 반짝이는 그것이

신비스러운 길로 우리 모두를 안내한 듯했다.

"내가 반딧불이를 잡았어요."

명도는 흥분한 목소리로 말했다.

"정말 뜨겁지 않아요. 이건 늦반딧불이예요. 지금 짝짓기 하려고 빛을 내는 거예요." 하며 행복의 절정 속에 있었다. 그렇게 잡은 반딧불이를 통에 넣어 두고 우리 가족 모두 이 신비한 자연을 생각하며 쉽게 잠을 잘 수 없었던 밤이었다.

이듬해 7월 말, 남편이 안에 초록색 풀들을 넣은 봉투 하나를 들고 집에 들어와 "명도야! 이게 뭘까?" 하자, 봉투를 주섬주섬 열어 본 명도가 "와! 늦반딧불이 애벌레예요!" 하며 소리를 지른다.

"어디서 났어요? 어떻게 잡았어요?"라고 쏜살같이 묻는다.

"응. 새벽에 걸어가는데 도로 위에 불빛이 반짝여서 보니까…."

남편의 대답이 채 끝나기도 전에 명도가 말한다.

“맞아요. 반딧불이는 애벌레 때도 빛을 낼 수 있대요.”

명도는 반딧불이 애벌레를 손바닥에 올려놓고 좋아서 어쩔 줄을 모른다. 그러며 식탁으로 책을 가지고 와서 펼쳐 놓고는 애벌레를 책과 비교하여 보며 매우 흥분한 기색이다.

“명도야! 밥 먹을 때는 통에 넣어 두고 오는 게 어때?”

“싫어요.”

당연했다. 하지만 내가 밥을 먹을 수가 없었다. 반딧불이 애벌레는 저 애벌레에서 반딧불이가 어떻게 나왔지 싶을 정도로 보기에 거북스러웠다.

“명도야! 그러다 밥에 들어가면 어떻게 해? 밥인 줄 알고 엄마가 먹겠어.”

그러자 명도가 웃는다.

“알았어요.”

결국 애벌레를 통에 담으러 간 명도가, 잠시 후 “엄마! 반딧불이 애벌레가 불빛을 냈어요." 하며 소리를 지른다. "응. 그래. 신기하다." 나는 직접 가서 보지는 않았지만 반응을 크게 해 줬다.

보통 내가 관심 있는 것에 상대가 맞장구를 쳐 주고, 응원해 주고, 좋아해 주면, 신이 나고, 그 사람과 왠지 잘 통하고, 공감대가 형성된 것 같아 기분이 좋고 행복해지기 마련이다. 부모와 아이들의 애착 관계가 잘 형성된 후에는 아이들의 말을 잘 경청해 주는 것이 관계 형성과 대화의 시작이 된다. 그게 바로 교육이다.

또 한 해가 지나 명도가 7살이 된 9월 초, 캄캄한 밤에 반딧불이를 보고 돌아오는 길에 명도가 차 속에서 시를 읊는다.

반딧불이

정명도

하늘의 반딧불이는 별똥별 같고

땅의 반딧불이 애벌레는

마치 별똥별이 땅에 떨어지고 남은

흔적의 불꽃 같구나

사실 명도가 이 시를 입 밖에 내뱉었을 때 남편과 나는 깜짝 놀랐다. 이 또한 우리가 전혀 예상하지 못했던 일이었다. 명도가 처음 시를 지었던 건 고택을 리모델링해서 지은 한 찻집에서 그 찻집의 분위기와 나에 대해 이야기하는, 조금은 엉터리 같은 시였지만, 남편과 나는 그것에 매우 감탄하고 탄성을 질러 대며 명도의 시를 끝까지 들어 주고 칭찬을 아끼지 않았다. 그러면서 "네가 느끼는 것을 자유롭게 말로 표현해 봐."라고 격려만 해 주었을 뿐이었다.

똑같은 반딧불이를 보아도 아이가 성장하는 과정에 따라 한 해 한 해, 더욱더 깊어지고 넓어졌다.

언제 같이 놀까?

놀이는 유아기에 중요한 성장 과정

입추가 지나서인지 청명하고 높은 파란 하늘에 끈적임 없는 바람 사이로 나뭇잎이 살랑살랑 흔들리는 오후 2시. 일반적인 감나무의 열매에 비해 그 크기가 매우 작아 '나도 감나무(귀염나무)'로 불리기도 하는 돌감나무에 내 손가락 마디만 한 감이 주렁주렁 열렸다. 그 감나무 밑에 있는 통나무와 의자를 밟고 올라가면서 명도가 이야기한다.

"도토리를 어서 옮겨야지? 빨리 가져가지 않으면 옆 동네 다람쥐들이 가져가 버릴 거야."

"맞아." 명훈이가 대답을 한다.

"도토리를 얼른 따!" 하며 책 『다람쥐 자동차』의 내용을 그대로 기억해 명훈이와 함께 역할 놀이를 한다.

입추가 지났지만 여전히 햇살이 따가워 나는 "명도! Put on your

hat!" 하며 명도를 불렀다. "바구니에 따서 담아 둬."라고 명훈이에게 말하며 명도가 마루 쪽으로 달려온다. 재빨리 모자를 뒤집어쓰고 긴소매 옷을 윗도리에 걸치고는 다시 명훈이에게 달려간다.

"힘을 모으자. 다 함께! 힘을 모으자. 다 함께!"라며 죽이 척척 맞아 놀이를 주고받으며 약 1시간가량 나무에서 놀이를 만들어 가며 놀이를 하는 모습을 보며 '언제 같이 놀까?' 하며 함께 노는 모습을 오랫동안 기다려 온 나에게 흐뭇한 모습이다.

30개월 된 명도와 10개월 된 명훈이를 보면서 주위의 어른들이 "지금은 키우기 어렵지만 좀 있어 봐. 이제 커서 같이 놀면 편해져."라는 말씀을 많이 하셨다. '도대체 언제 그런 날이 올까?' 했는데 명도가 만 4세가 되자 내가 바라는 대로 아이들이 같이 놀기 시작했다.

명도가 50개월이 되자 "네가 물에 빠진 왕자를 구해야지." 하고 인어 공주 놀이를 하며 명훈이에게 구체적인 역할 놀이를 시킨다. 명훈이가 "으으." 하며 공주가 왕자를 구해 주는 듯한 소리를 내자 명도는 "날 육지로 올려야지." 한다. 물론 명훈이의 대답은 단답형이거나, 명도가 원하는 대로 다 해 주지 못하는 게 많았다. 하지만 그전에는 자기 마음대로 놀이를 만들더니 이제는 책의 내용을 가지고 와서 같이 연극 놀이를 하는 단계에 왔다. 또한 명도는 자기가 남자라며 주로 왕자 역할을 하고 싶어 했고, 명훈이에게는 자기가 하기 싫어하는 공주 역할을 많이 시키곤 했다.

명훈이가 48개월을 넘어가자 둘의 놀이는 더욱 구체적으로 발전되었고 아이들의 상상력도 무척 풍부해졌다. 심지어 명훈이가 놀이를 주도하거나 형이 할 말을 정해 주기도 하였다. 그럼 못 이긴 척 명도가 따라 해 주며 "어이가 없어요. 엄마." 하면서도 웃으며 놀이를 즐겼다. 어느 날은 명도가 카메라를 들고 명훈이가 연기를 하며 영화를 만들기도 하고, '오케스트라와 함께한 그림자 피터와 늑대' 공연을 보고는 저녁만 되면 불을 끄고 보자기에 라이트를 비추며 인형들을 가지고 그림자를 만들어 놀이를 하기도 했다.

명도가 7살, 명훈이가 5살이 되면서부터는 더 이상 내가 아이들 놀이 때문에 걱정할 필요가 없어졌다. 둘은 가장 좋은 형제이자 친구가 되었다.

보자기를 목에 두르고 블록 뚜껑을 방패 삼아 작은 죽도로 칼싸움을 하며 시끄럽다 못해 요란스럽다. 집에 있는 주방 도구들을 다 꺼내 온 방에 늘어놓고 4박 5일은 청소를 안 한 것처럼 어질러 놓았지만 놀이를 하는 동안은 참견하지 않았다.

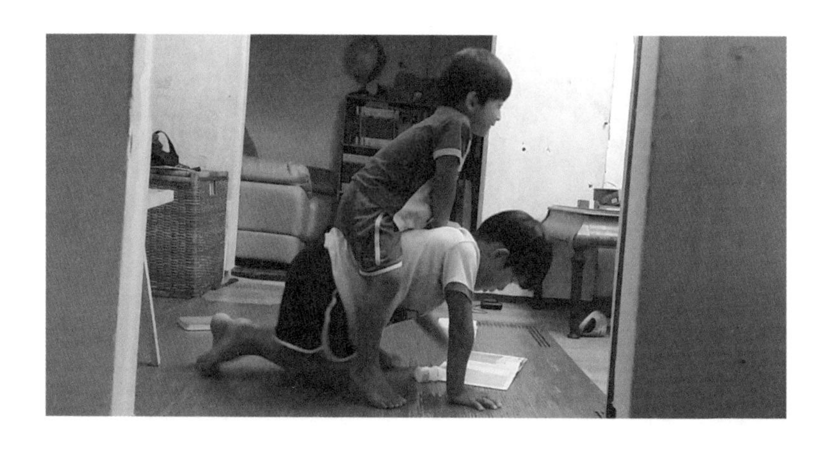

때때로 내가 둘의 이야기를 듣고 반응했을 때 머쓱해 하며 웃음을 지을 때가 있어, 듣고도 못 들은 척, 특별한 상황이 아니면 둘의 놀이에 개입을 하지 않았다. 아이들이 놀이를 만들어 갈 때는 방해하지 않고, 그 놀이가 끊어지지 않게 그저 지켜보거나, 놀이에 필요한 것을 제공해 주었다. 아이들이 스스로 잘 놀아야지만 그 시간이 내 시간이 되어 나를 위해 차를 내리고, 나를 위한 여유를 가질 수 있었다. 그래서 오히려 아이들이 놀이에 집중하지 못하고 스스로 놀이를 만들어 내지 못하는 것이 걱정이었다. 놀이는 유아기에 특히 많은 역할을 하며 이후로도 아이들의 성장 과정에 있어 매우 중요하고 필수적인 요소이기도 하다.

아이들이 5세 전까지는 놀이를 하고 정리를 하는 것을 힘들어 했다. 아이의 입장에서 생각해 보면, 어른에게 집안 대청소를 하라고 하는

것과 같은 큰 부담감을 느끼는 것 같았다. 5살 때는 내가 함께 도와 정리를 하였고, 나도 아이에게 강요하지 않고, 아이도 정리 · 정돈은 힘든 게 아니라 엄마와 함께 하는 즐거운 시간이라는 것을 느끼게 만들었다. 6살이 되어서부터는 정리 · 정돈을 스스로 하는데 여전히 힘들어 하면서도 꿋꿋이 해내고 매우 당연한 것으로 여기기 시작했다.

또한 아이들을 키우면서 가장 어려운 것은 '질투'의 문제였다. 아침에 일어나 명훈이에게만 뽀뽀를 해 줬다거나, 아침 인사를 명도에게만 해 줬다거나 혹은 더 사랑스럽게 해 줬다는 것들이 아이들의 질투의 이유였다. 그래서 자신이 차별받고 있다는 생각이 들지 않게 아이들을 대하는 것이 가장 중요하다. 엄마인 나는 아니라고 생각할 수도 있지만 아이가 차별받았다고 느낀다면 그건 차별한 것이다.

명도가 48개월 때, 내가 밥을 떠 명훈이의 입에 넣어 주자 옆에 있던 명도가 외쳤다.

"엄마! 명훈이만 사랑하고 난 사랑하지 않죠?"

"왜 그렇게 생각하는데?"

"왜 나는 밥 안 떠먹여 줘요?"

일시적인 퇴행일 수도 있지만 아이는 자신이 차별받았다고 느꼈던 모양이다.

사실 두 아이가 같이 놀다가 울게 되면, 무의식적으로 달려가 먼저 안게 되는 아이가 나이 어린 둘째아이다. 물론 연령별로 대하는 게 달랐지만 명훈이가 30개월이 넘으면서부터는 둘이 함께 놀다 울게 되었을 때 일단 멈춰서, 명도에게 상황을 듣고 누구의 잘못이었는지, 실수

였는지 확인을 먼저 한 후 사과를 하게 하였다.

무엇보다 중요한 건 엄마도 모르게 기울어지는 마음을 들키지 않게 아이를 대하는 것이다. 무의식적으로 둘째아이를 먼저 안고 싶어도, 의식적으로 큰아이를 먼저 안고, 의식적으로 큰아이를 더 많이 칭찬을 하고, 의식적으로 큰아이의 먹는 것을 먼저 챙겨 줘야 한다.

처음에는 의식적으로 챙겼지만 챙기다 보면 그것이 또 무의식적으로 되어지고, 엄마의 마음에도 기울었던 시소가 평행을 이루는 모습을 볼 수 있을 것이다. 엄마는 무심코 하는 행동이지만 아이들에게는 평생을 안고 갈 수 있는 서러운 기억이 될 수도 있기 때문이다.

지구에는 중력이 있는데 어떻게 물고기는 떠요?

눈과 눈을 마주하며 아이의 지금에 귀 기울이자

명도가 50개월 때 아이들은 뒷자리에 앉아 안전벨트를 하고 나는 앞 좌석에 앉아 남편과 이야기를 하며 전라남도 영광군 염산면에 있는 '설도항'으로 향했다. 차를 타고 다닐 때마다 두 아들을 양쪽에 데리고 앉아 지지고 볶던 때가 언제 끝날까 싶었는데, 어느새 이런 날이 우리에게 왔다.

"정말 우리 애들이 많이 컸다. 이런 날도 오고."

남편과 내가 기다리고 기다리던 이날을 즐기며, 차로 한참을 달리고 있는데 명도가 묻는다.

“엄마! 지구에는 중력이 있어서 모든 것은 땅으로 떨어지잖아요. 우리는 떠다닐 수 없는데 어떻게 물고기는 물속에서 떠 있을 수 있어요?”

나와 남편은 순간 ‘아니 어떻게 지구의 중력을 물고기가 뜰 수 있는지에 연관을 지어 궁금해 하지?’에 초점이 맞춰졌다.

“명도야! 물고기는 몸속에 ‘부레’라는 공기주머니가 있어서 뜰 수 있는 거야.”

“부레요?”

“응. 이 부레는 풍선처럼 부풀어 올라 뜰 수 있게 해 줘!”

남편이 이렇게 말해 주자 고개를 끄덕이며 생각에 잠기는 명도.

“명도야! 그런 궁금증은 아주 좋은 거야.”

명도에게 다시 한 번 질문은 좋은 것이라고 격려해 주었다. 그리고 집에 돌아와 물고기 해부도와 함께 부레에 대해 인터넷으로 찾아보았다.

그 후 명도는 “왜 산은 뾰족해요?”, “왜 지구는 우주에 떠 있어요?”, “달에는 중력이 없는데 어떻게 우주선은 착륙할 수 있어요? 그리고 사람이 발을 딛고 서 있잖아요.", "모든 것은 수명이 있잖아요. 그럼 지구가 수명이 다해 죽으면 어떻게 해요?" 등의 질문을 쏟아 냈다. 이렇게 한동안 명도는 자신이 호기심이 많다며 심도 있는 질문에서부터 말도 안 되는 질문까지, 수많은 질문으로 우리 부부를 살짝 힘들게 하기도 했지만, 아이의 엉뚱한 질문에도 최선을 다해 대답해 줬다.

아이들과 함께 있으면서 아이의 생각이 자라는 모습이 마치 씨앗이 싹을 틔우고 그 싹이 자라 꽃을 맺듯, 아주 천천히 아름답게 눈에 보였다. 그러나 그 모습을 눈에 담지 못하면 어느새 다 자란 열매만 보게 될 것이다.

그래서 놓치지 않고 지금을 느끼고 눈에 담으려, 눈과 눈을 마주하며 아이의 목소리에 귀 기울여 함께 하려고 했다. 그래야만 이 순간들이 소중하고 행복으로 일상들을 보낼 수 있는 축복의 날들임을 느낄 수 있고, 아이들이 있는 부모들만 누릴 수 있는 인생 최고의 선물을 받을 수 있다.

이게 쉬는 거예요!

아는 만큼 보고 아는 만큼 상상한다

밤새 기침과 고열, 구토로 잠을 설쳐 얼굴이 반쪽이 된 명도가 아침밥을 앉아서 먹을 힘도 없는지 "밥 못 먹겠어요." 한다. 아침에 눈을 떠서 제일 먼저 하는 말이 "배고파요. 밥 줘요."라는 말인데 얼마나 힘들고 아팠는지 그 말 한마디가 모든 것을 말해 준다.

계속 기침을 하며 토한 터라 그냥 쉬라고 명도를 뉘어 놓고, 명훈이 아침밥을 먹이고 치우는 동안 명도를 보니 방 한쪽 구석에 앉아 책을 보고 있다. 좀 괜찮아진 모양이다.

"명도야! 쉬어."

"이게 쉬는 거예요."

명도는 밖에 나가 신나게 뛰어놀고 나서 다시 에너지를 보충해야 할 때면 항상 책을 펼쳤다. 그야말로 쉬는 시간처럼 보였다. 긴장되지 않고 편안하고 자기만의 시간을 갖는 것처럼….

'아이는 무조건 뛰어놀아야지!' 하며 이 시기에 놀이만을 강조하는 사람들도 있다. 그러나 몸으로 노는 것에도 분명 한계가 있다. 아이들도 휴식 시간이 필요하다. 그런데 그 휴식 시간에 뭘 할지 몰라 심심

해 하기만 한다면 아이는 휴식을 찾을 수가 없다.

사실 아이들에게 한글을 빨리 가르친 이유는 책을 스스로 읽게 하기 위함이었다. 그리고 명도의 '읽기 독립'과 함께 많은 것이 편안해졌다. 명도는 나에게 묻기보다는 아침에 일어나 1시간, 점심에 1시간, 저녁 자기 전 1시간, 그리고 중간중간 놀이가 끝나고 휴식이 필요할 때 책을 보면서 적어도 하루 2~4시간 이상은 책에 집중하며 시간을 보냈다.

밖으로 나가 활동하기 좋은 봄과 가을에는 바깥 활동이 주를 이룰 수 있게 하였고, 한여름은 더위와 모기 때문에 바깥 활동이 어려워 집 안에서 책 읽기와 더불어 읽은 책에 관련된 활동을 하고 겨울에는 더 많은 시간을 할애하여 책 읽기로 시간을 보냈다. 그러면서 아이들이 책을 좋아하고 즐기고 삶의 일부로 여기며 성장하기를 바라는 내 마음을 살펴보았다. '그럼 왜 책을 좋아하는 아이들로 성장하기를 바라는 걸까? 커서 남들보다 뒤처지지 않기를 바라는 마음에서? 아니면 공부를 잘하기를 바라는 마음에서? 아니면 논술을 잘하기 위해?'

이 모든 질문들에 대한 나의 대답은 '아니다.'였다. 책을 많이 읽는다고 학교 공부를 잘하는 것 같지는 않다. 딱히 무엇을 위해서는 아니지만, 책을 좋아했으면 하는 내 마음을 살피면서 명도를 보니, 아이가 아는 만큼 보기 시작하고 아는 만큼 상상하기 시작한다는 사실을 알 수 있었다. 뭔가 알아야지 상상도 하고 궁금해 하며 호기심도 갖는다는 것이다.

마이크로소프트(MS)의 창업자인 빌 게이츠의 아버지 빌 게이츠(아버지와 아들의 이름이 같다)가 쓴 『게이츠가 게이츠에게(Showing up for life)』라는 책에는 "TV를 보지 않도록 하고 책 읽는 시간을 늘려 스스로 생각하는 힘을 기르게 하려고 애썼다."라는 내용이 담겨 있다. 이와 같이 이 시기에 아이들이 책을 많이 읽게 되면 어떤 학습과 공부의 관계보다는 책을 통한 간접 경험으로 사고의 확장과 더불어 스스로 생각하는 힘을 길러 나간다는 것이다.

아이가 책을 보게 하고 싶다면 먼저 잘 놀 수 있게 해 줘야 한다. 또한 이 시기에 책 보는 습관을 형성해 놓으면 굳이 책 좀 보라고 잔소리를 할 필요가 없다. 책 보는 시간은 그냥 그 책의 세계 속에 빠져 편안하게 즐기고 쉬는 시간 속에서 사고의 힘을 키워 나가는 데 중요한 매개체 역할을 하는 것이 바로 책 읽기로서, 이는 유아기에 길러 줘야 할 중요한 습관이다.

40 커다란 나무를 만들어 볼까?

그림으로 자신감과 성취감 키우기

아침을 먹고 옷을 입은 명도가 밖으로 나가자, 명훈이도 형과 함께 나가고 싶어 안달이다. 아침밥 먹은 그릇을 싱크대에 담가 두고 벌써 무엇인가에 빠져 있는 명도를 쫓아 명훈이와 밖으로 나왔다.

얼마 전 심어 놓은 케일 모종 위에서 뭔가 꼬물꼬물 기어가는 것이 명훈이의 눈에 들어온 모양이다. 밭에 들어가지 말라고 그렇게 말했건만

'심어 놓은 대파 뽑기', '덜 익은 딸기 모조리 따기'가 명훈이의 놀이다. "명훈아! 딸기는 빨갛게 익어야 먹을 수 있어." 했지만 막무가내다.

미국의 심리학자이자 교육학자인 F. 닷슨은 18개월부터 36개월까지 제1반항기가 시작된다고 했는데, 명도에 이어 명훈이에게도 이 시기가 찾아왔다. 아이들의 발달 과정은 어떻게 그렇게 어김없이 찾아오는지….

명훈이에게 아무리 이야기해도 자기 하고 싶은 대로 하는 터라, 나도 더 이상 "덜 익은 딸기 따지 마.", "파 뽑지 마."라고 하지 않고 '그냥 그 호기심으로 밭을 놀이터 삼아라.' 하고 멀리서 지켜본다.

한참을 풀밭에서 놀던 명도는 "엄마! 명훈이가 달팽이를 잡아 줬어요." 하며 다가와 "달팽이는 이 작은 더듬이로 색깔과 맛을 안대요." 한다.

"우와! 우리 명도, 어떻게 알았어?"

"책에서요."

잠시 후 명훈이가 웅덩이에서 놀다가 옷이 젖어 버린 터라 방 안으로 들어가야만 했다. 마당에 나온 지 얼마 되지 않아 쉽게 들어갈 것 같지 않았다.

"오늘은 나뭇잎을 따서 커다란 나무를 만들어 볼까? 곤충도 살고, 달팽이도 살 수 있는 나무."

"네."

"그럼 나뭇잎 따서 들어와."

명훈이를 안고 방으로 들어와 옷을 갈아입히고 도화지에 유성 매직으로 나무 밑그림을 그린 후 컬러 매직으로 색칠하도록 했다. 그사이 나뭇가지를 꺾으러 나와 보니 아직도 마루에서 달팽이를 보고 있는 명도에게 "어서 들어와." 하고는 나뭇잎과 곤충 모형들을 가지고 명훈이에게 갔다.

"명훈아! 이 곤충들이 살 수 있는 나무를 만들어 줄 거야."

밑그림 색칠이 명훈이 나름대로 끝났을 때, 도화지 위에 양면테이프를 붙여 나뭇잎을 붙일 수 있도록 해 주었다.

"이렇게 나뭇잎을 떼어서 붙여 봐."

명훈이가 나뭇가지에 붙은 나뭇잎을 뜯어 붙이고 있는 사이 나뭇잎을 따다가 달팽이를 잃어버렸다며 명도가 울면서 들어온다. 그사이 제법 울창해진 명훈이의 나무 작품을 명도에게 보여 주었다.

"나도 할래요."

"엄마가 여기 밑그림을 그려 뒀으니까 해 봐."

밑그림 위에 나뭇잎을 금방 붙여서 나무가 울창해졌다. 명도는 "엄마, 이건 나무뿌리예요. 그래서 땅속에 있어요. 그러니까 흙을 더 그

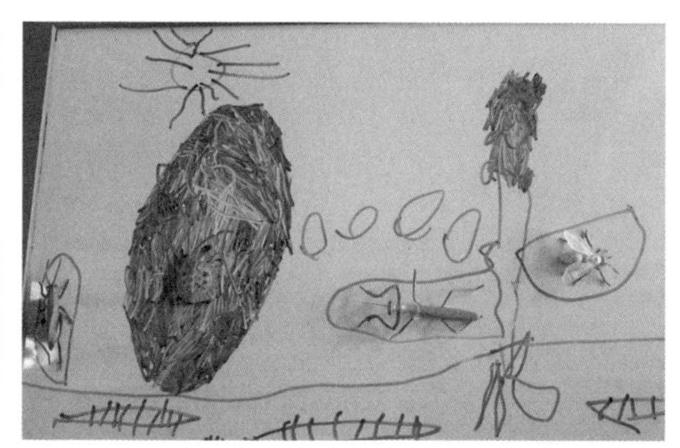

려야 해요." 하더니 갈색으로 나무 밑동을 칠한다.

"엄마! 땅속에는 개미가 살잖아요. 개미를 크게 그려 주세요."

"네가 해 봐."

"가슴이 떨려서요."

손을 잡고 같이 나무 기둥 부분에 개미를 그렸다. 그리고 잠시 후 잠자리, 하늘소, 사슴벌레, 장수풍뎅이, 노린재, 메뚜기, 말벌 등의 곤충 모형들을 나무 위에 자리 잡아 놓아 주며 이야기를 만들어 간다.

명도의 첫 그림 형태는 만 38개월 때 엄마, 아빠를 그리면서 나타났다. 동그라미에 눈, 코, 입, 머리카락으로 이루어졌다. 한참을 그 상태로 머물더니 얼굴에서 팔다리가 나오는 형태로 가다, 그다음 목이 나오고 점점 사람의 형태를 갖추었다. 또한 얼굴을 그린 후 동그라미를 연결하여 애벌레를 그리고 개미를 그리더니 이 상태에서 오랫동안 머물며 개미를 중심으로 이야기를 만들어 내고 땅속 개미집을 구체적으로 그리기 시작했다. 그러다 강아지, 장수하늘소, 토끼 등으로 나아갔다.

명훈이는 명도보다는 조금 빠른 만 36개월에 첫 그림 형태가 나왔고, 나아가는 순서는 비슷했다. 단, 명도보다 그림을 그릴 수 있는 환경이 더 많이 조성되었다. 처음 스케치북을 주었더니 스케치북 위에 작은 동그라미 하나만 그려도 종이를 다 썼다고 하며 그 종이에 다른 그림을 그리지 않았다. 하루에 한 권도 모자라게 스케치북을 사용하였다. 그래서 이면지를 많이 사용했으며, 연필, 볼펜, 매직, 색연필, 크레파스, 사인펜 등 다양하게 그려 볼 수 있는 환경을 제공했다.

또한 그림을 그린 후에는 커다란 우드락을 사서 벽에 붙여 '솜씨 자랑 판'을 만들어 완성된 작품들을 벽에 붙여 놓았다. 아이들에게 그림을 완성했다는 성취감을 부여하고 그 작품을 가족 모두가 존중해 주기 위함이다.

아이들의 미술 놀이는 귤에 이쑤시개를 꽂아 고슴도치 만들기, 색연필로 낙서하기, 여러 가지 모양과 그림에 색칠하기, 가위로 색종이 오리기, 오린 종이를 다른 큰 종이 위에 풀로 붙이기로 시작했다. 이어 밀가루 반죽 놀이, 찰흙 놀이, 솜으로 양 만들기, 다양한 재료로 그리기, 폐품으로 만들기, 종이접기, 전단지 오려서 시장 놀이하기, 도형 오리기, 오린 도형을 이용해 여러 가지 물건 표현하기, 동물 가면 만들기, 카드 만들기, 보고 그리며 스케치하기 등 집에서 하는 미술 놀

이는 손쉽게 재료를 구할 수 있고, 엄마가 하는 데 번거롭지 않은 범위 내에서 했다.

또한 아이의 성장과 함께 미술 활동의 범위가 넓어지면서부터는 언제나 쉽게 도구를 접할 수 있도록 다용도 상자에 가위, 풀, 물감, 붓, 크레용, 연필, 지우개, 사인펜, 색연필, 색종이, 물티슈, 앞치마, 일토시 등을 넣어 바깥 활동을 할 때는 그 상자 하나만 들고 나가면 편리하게 작업을 할 수 있었고, 실내에서도 아이들이 원할 때 언제나 그 상자 속에 그림 도구들을 찾을 수 있도록 했다. 물론 순식간에 풀 한 통을 바닥에 다 칠하고 물감 한 통을 다 짜 버릴 수 있으므로 주의가 필요하다.

—

영원을 잊지 마소

그 비에서 자라는 마음

그 어떤 것에도 끄떡없죠

이 세상을 잊지 말아야 하는 것이 여기 담겨 있죠

그 어디에 가서도 잊지 마소

자신을 잊지 마소

아이 자신의 순수함을 지키고 간직할 수 있도록 부모가 지켜주고, 인정해 주고, 잘했다고 칭찬해 주며, 아이의 이야기를 들어 주고, 감수성을 키워 주는 과정들이 아이들을 시인으로 만든다

아이를
읽어 주는
이야기

Mother of storytelling

엄마, 미안해요!

미운 다섯 살을 너그럽게 대하는 법

다섯 살 된 명도가 한 손으로는 숟가락을 거꾸로 잡고 요구르트를 떠 입으로 가져가는 동안 질질 흘리면서, 다른 한 손으로는 반숙된 계란 프라이의 노른자를 손가락으로 꾹꾹 찔러 가며 "넌 죽었어." 하면서 손가락을 빨며 장난을 친다.

"명도야! 젓가락으로 먹으면 좋겠다."

그러자 기름이 묻어 미끌미끌한 손으로 젓가락을 잡은 명도는 더 재미있어 하는 얼굴이다. 명도가 젓가락을 잡으면서 접시 주변은 24개월 된 아이가 혼자 숟가락질을 해서 먹은 자리만큼 더러워졌다. 거의 다 먹은 것을 확인하고 명도에게 말했다.

"그만 먹고 손 씻어요."

"네." 하며 손을 씻으러 화장실로 간다.

그러자 명훈이도 손을 씻으러 따라 들어간다. 명도는 이미 손에 비누를 비벼 거품이 나 손이 미끌미끌해져 있었다. 그런데 명훈이가 자신도 씻겠다고 의자를 밟고 올라가 수도꼭지를 틀자 명도가 "내가 먼저 씻고 있었는데 차례를 지켜!" 하며 밀치는 바람에 그만 명훈이가 넘어져서 울음을 터뜨린다.

"으앙!" 하며 울어대는 명훈이를 안고 "명훈아! 형아 다 씻고 씻자." 하고 달래면서 식탁을 행주로 닦고 있는 사이, 명도가 명훈이에게 미안했던지 어느새 명훈이랑 같이 비누질을 하고 있다. 둘이 같이 노는 소리를 들으며 안심하고 설거지를 하고 보니 비누를 솔에 문질러 세면대를 닦고, 또 손과 머리를 문질러 화장실 발판 위에 물이 흥건하게 다 젖어 있는 모습이 눈에 들어왔다.

다른 때 같았으면 '그래, 이미 젖었으니 실컷 놀아라.' 했을 텐데 내가 몸이 좋지 않자 "정명도! 이게 뭐야. 그만하고 나와."라고 낮고 굵은 목소리로 말했다. 옷을 갈아입히고 화장실을 정리하고 있는 사이, 명도가 명훈이를 감옥에 가두는 놀이를 한다며 식탁 의자로 명훈이가 못 나오게 막고 있다.

"너는 갇혔어."

"싫어! 엉엉."

명훈이가 우는소리를 한다. 그리고 화장실 정리가 끝나갈 때쯤 명훈이가 도망와 화장실로 뛰어들어 온다. 그런데 명도가 화장실 문을 닫고 식탁 의자로 가로막으며 "너는 이제 갇혔어." 하는 소리가 화장실 문밖에서 들린다. 나는 명훈이에게 화장실 안에 있는 세탁기를 가리키며 말했다.

"명훈아! 네가 Laundry(빨래) 돌릴래?"

언제나 명도가 세탁기를 돌렸기 때문에 명훈이는 좋아서 어깨를 들어 올리며 고개를 끄덕인다.

"잠깐만! 먼저 세제를 세제 통에 넣고, 전원을 눌러."

명훈이가 동그란 전원 버튼을 누른다.

"표준, 이불, 소량이라고 쓰여 있지? 오늘은 빨래가 조금이니까 소량으로 할 거야. 빨간 점이 소량으로 와야 해."

명훈이가 소량으로 잘 맞춘다.

"그렇지. 이제 동작을 눌러."

화장실 안에서 세탁기가 돌아가는 소리가 나자 밖에 있는 명도가 소리를 지르며 화장실 문을 발로 찬다.

"내가 해야지. 어?"

문을 열고 나와서 나는 명도에게 말했다.

"네가 명훈이를 화장실에 가뒀잖아."

"그래도 내가 해야죠!"

"그러니까 누가 화장실에 가두래? 그리고 누가 화장실 문을 발로 차?" 나의 말에 명도의 입이 쭉 나온다. "그리고 감옥 놀이 그만해!" 하며 명도에게 소리를 높이고 세수를 하러 화장실에 들어갔다. 다섯 살 명도에게 내가 심술이 나서 그냥 내가 하고 싶은 대로 해 버렸다. 나는 엄마가 아니라 마치 다섯 살 친구처럼 명훈이의 복수를 한 것이다. 세수하고 양치를 하는데 밖에서 명도가 "엄마!" 하고 부른다. 나가 보니 노란 고들빼기 꽃과 엉겅퀴 꽃, 여러 덩굴식물 등을 한 아름 꺾어 들고 명훈이와 나란히 서서 이를 활짝 드러내며 웃고 있다.

"엄마, 미안해요!"

순간 웃음이 나왔다.

"엄마가 기분이 안 좋아서 명훈이랑 꺾어 왔어요!"

'표정 관리'가 안 되는 순간이었다.

"엄마! 내가 힘들지만, 엄마 기분 좋아지라고 참고 꺾어 왔어요."

"그래. 고마워. 그런데 명도야, 이 덩굴은 까칠까칠해서 만지면 따가워. 앞으로는 꺾지 마."

"네."

"들어와! 꽃병 가지고 올게."

아이들이 꺾어온 꽃을 테이블 위에 올려놓고 꽃을 보며 함께 이야기 했다.

"명훈이가 꽃을 조금 꺾고 있었는데 내가 엄마를 기쁘게 해 주자고 말했어요. 엉겅퀴 꽃도 있어요."

옆에 있는 명훈이도 거든다.

"나도 했어요. 힘을 모으자! 힘을 모으자!"

아이들이 어깨를 들썩이며 좋아한다. 그사이 나도 모르게 편안해진 나를 느낀다. "이 노란 꽃이 뭔지 알아?" 하며 식물도감을 가져와 찾아보며 "고들빼기 꽃 같은데…. 맞네."

'미운 다섯 살'이라고 했던가! 명도는 요즘 모든 것이 '거꾸로 거꾸로'

다. 명훈이가 책을 보고 있자 화장실에서 나와 "이건 원래 내가 좋아한 책이야. 내 거야." 하며 책을 빼앗아간다. 명훈이도 지지 않는다.

"아, 앙앙. 내 거야. 내가 먼저 봤어."

"명도야! 명훈이가 먼저 보고 있었잖아."

"그래도 이건 원래 내 것이고 내가 좋아하던 것이잖아요. 명훈이가 없었으면 좋겠어요. 짜증 나요."

명도가 소리를 지르며 다른 방으로 건너간다.

명도의 입장에서 생각해 보면 화가 날 만도 하다. 원래 자기 것이었는데 명훈이랑 나눠 가져야 하니. 하지만 요즘 들어 좀처럼 명훈이에게 곁을 내주지 않아 싸움의 연속이다.

미국의 심리학자이자 교육학자인 F. 닷슨은 48~60개월을 '무법자의 시기'라고 하였다. 모르는 것도 아니면서 '뺀질뺀질' 자기 하고 싶은 대로 다 하는 시기, 나는 이 시기를 '안하무인의 시기'라고 이름 붙였다. "엄마! 나 방귀 마려워요. 뿡!" 방귀를 내 발에 대고 뀌고는 "엄마 발은

이제 썩은 거예요! 으흐흐.” 웃으며 좋아 어쩔 줄 모른다.

방귀 이야기, 똥 이야기를 엄청나게 좋아하는 다섯 살. 전등 스위치를 껐다 켰다, 껐다 켰다, 보일러 버튼을 껐다 켰다, 껐다 켰다 하며 하지 말라고 해도 그저 씩 웃어 가면서 그런 놀이만 찾아가며 하는 다섯 살.

언젠가 이 미운 다섯 살도 지나간다. 보통 아무리 예쁜 아이도 3, 5, 7살, 홀수 나이 때에는 개구쟁이가 된다고 한다. 그런 줄 알고 좀 더 너그럽게 봐주면 너그럽게 지나간다. 사춘기처럼…. 명훈이에게도 미운 다섯 살의 안하무인의 시기가 명도보다 더 심하게 왔지만, 그 또한 그런 줄 알아서 명도만큼 힘들지는 않았다.

아무것도 하지 말고 쉬어

사랑하면 희생이라 여기지 않는다

“명도야! 명훈아! 가재 잡으러 가자!”

남편의 말에 “우와!” 명도와 명훈이가 좋아 온몸을 흔들며 소리를 지른다. 집 근처 계곡은 민물 가재가 살고 있어 아이들이 가장 좋아하는 장소다.

“엄마! 우리 가재 잡고 올 테니까 쉬고 계세요.” 하며 명도가 문을 나선다. 그 뒤 명훈이도 “엄마! 쉬고 있어요.” 하며 얼굴에 뽀뽀하고 나간다.

모자와 가재 잡아 담을 통과 가방에 수건과 간단한 간식을 담아 남편 손에 쥐여 주자 "아무것도 하지 말고 쉬어." 하며 나간다. 창문 너머로 세 사람과 '아지(우리 집 강아지의 이름)'의 모습이 점점 작아져 사라진 후 나는 그대로 소파에 드러누웠다.

둘째 출산 이후 '아무도 없이 혼자만의 시간을 좀 가져 봤으면' 했을 때, 막상 출산하고 4~5년 만에 처음 혼자만의 시간이 찾아왔지만 적응이 안 되었다. '엄마! 엄마!' 하는 아이들의 목소리가 환청으로 들려 문밖을 기웃기웃하며 나가 보기도 하고 편하게 누워 있어도 왠지 불편했다. 그리고 나도 모르게 시간이 생기니 미뤄 두었던 청소를 하거나 일을 하느라 더 피곤하고 지쳤다. 그래서 '혼자만의 시간이 평온하고 익숙해지는 것도 연습이 필요하다'는 것을 알았다.

아이들이 어릴 때는 해 주지 못했지만, 명훈이가 24개월이 넘으면서부터 적어도 1주일에 한 번 혹은 2주에 한 번 남편이 나에게 만들어 준 작은 휴가였다. 물론 길어 봐야 1시간이다. 그러나 얼마나 감사한 시간인지 모른다.

사실 명훈이가 6개월, 명도가 26개월 때부터는 정말이지 힘들었다. 명훈이가 누워만 있을 때는 명도에게만 집중할 수 있었지만, 명훈이가 몸을 들썩이며 앉고 잡고 서면서부터는 언제나 명훈이를 몸에 달고 살아야 했다. 명훈이를 보행기에 올려놓으면 명도가 타고 싶어 당장 내리라고 보행기를 흔들어 대고, 명도가 힘 조절을 하지 못해 명훈이가 위험스러워 몸에 달고 살다 보니 체력적으로 가장 힘들었던 시간이었다. 허리, 어깨, 목, 그 어디 하나 안 아픈 곳이 없었다.

그러자 언제부터인가 남편이 퇴근하고 오면 나도 모르게 '나 좀 봐! 내가 오늘 얼마나 힘들었는지.'라며 죽상을 하기 시작했다. 그런데도 내가 그렇게 죽상을 하고 남편을 맞는다는 자각조차 하지 못했다. 하지만 내가 그렇게 찌그러진 얼굴로 남편을 맞았는데도 남편은 언제나 나에게 "오늘 힘들었지?"라며 내 마음을 잘 읽고 위로해 줬다.

어쩌면 그 위로가 나 자신을 볼 수 있게 나를 깨우쳤는지도 모른다.

그해가 저물어 갈 무렵 내 노트에 '남편을 사랑으로 반기자. 사랑한다고 말하자!'라고 남편에 대한 내가 하고 싶은, 또 내가 해야만 하는 목표를 적어 두었다. 그리고 연습을 시작했다.

남편이 자주 하는 말이 있다.

"편할래? 행복할래? 누가 그러면 나는 행복을 택해."

내가 집에서 아이들과 함께 홈스쿨링을 할 수 있었던 건 남편이 아빠의 역할뿐 아니라 남편의 역할을 잘해 주어서 가능했다. 흔히 아빠가 되면 아빠의 역할을 다하기 위해 공부하고 노력한다. 그러나 무엇보다 중요한 건 그러면서도 아내를 위한 남편의 역할을 잊어서는 안 된다는 점이다.

남편은 퇴근하고 나서 식사 후 내가 설거지를 하면 아이들 목욕을 담당하거나, 내가 아이들 책을 읽어 주면 청소를 해 주거나, 특별한 일을 제외하고는 육아와 집안일을 자신의 일로 여기고 기꺼이 해 주었다. 사실 퇴근하고 집에 오면 남편도 쉬고 싶은 마음이라는 것을 나도 잘 안다. 그럼에도 불구하고 자신의 편안함을 넘어 가족의 행복을 택해 준 남편에게 언제나 감사하다. 남편의 그 희생을 알기에 아이들의 엄마로서뿐 아니라 남편의 아내로서의 역할에도 최선을 다하려고 노력했다.

어쩌면 희생의 또 다른 말은 사랑이 아닌가 싶다. 아이들을 키우며 끝없는 희생을 하지만 그걸 희생이라고 생각해 본 적은 없다. 나뿐 아니라 세상의 모든 엄마들이 그럴 것이다. 희생이 없는 사랑은 있을 수 없고, 희생 없이는 사랑을 완성할 수도 없으며, 무언가를 이뤄 나갈 수도 없다. 그리고 사랑하면 그게 희생이라고 여겨지지 않는다. 그냥 사랑이다.

43 도토리깍정이가 몇 개야?

톨스토이의 책상과 의자도 없는 자연 교육

5월 중순, 아직 물놀이하기에는 이른 날씨인데도 아이들은 양손에 다슬기를 잡아 들고 옷이 다 젖어 추워서 달달 떨면서도 괜찮다며 물속에 발을 담그고 있다.

"안 추워? 가자!"

추워서 입술이 새파랗게 되었는데도 혹여 당장 집에 갈까 봐 춥다고 말하지 않고 있는 아이들의 모습을 조금 더 지켜보았다. 도저히 견디기 힘들었던지 명훈이가 먼저 "엄마, 추워요." 하고 어깨를 움츠리며 나왔고 명도도 따라 나온다. 아이들의 몸을 닦아서 숄로 돌돌 말아 따뜻한 차 안에 앉혔다.

"엄마, 우리 내일 다시 오면 안 돼요?"

명도가 집에 빨리 돌아가는 것이 아쉬웠던지 간절한 목소리로 말을 한다. 옆에 있던 명훈이도 거든다.

"Please, mom."

"그래. 내일 보자. 그 대신 내일은 물속에 들어가면 안 돼. 약속 지킬 수 있어?"

"네!"

아이들이 반짝이는 눈으로 대답한다.

다음 날 전라남도 영광군 불갑면 모악리에 있는 절인 '불갑사'에 도착해 물이 흐르는 개울 옆 커다란 나무 그늘에 자리를 잡았다. 평일이라 인적이 드물어 아이들과 나에게는 이보다 넓고 아름다운 정원이 따로 없었다. 바닥에는 도토리깍정이가 널브러져 있었고 구멍이 8개씩 뚫린 초록색 푹신한 블록이 깔려 있었다.

"명도야! 우리 누가 이 구멍에 도토리깍정이를 빨리 채워 넣는지 시합하자."

나의 말이 떨어지자마자 명도는 도토리깍정이를 주워 채우기에 바쁘다. 명훈이도 바쁘게 채워 넣는다.

"내가 이길 거야!"

두 아이 모두 이기기 위해 정신이 없다.

"블록 안에 도토리깍정이가 몇 개야?"

"1, 2, 3, 4, 5, 6, 7, 8."

"그렇지. 우리 아들 최고!" 하며 명도에게 엄지손가락을 치켜 올려주었다. 옆에서 명훈이도 말한다.

"1, 2, 3, 4, 5…."

"우와! 우리 명훈이도 잘하는데!"

"근데 도토리깍정이가 있는 것을 보니, 어디에 도토리나무가 있나?"

식물도감을 펼쳐 아이들에게 똑같은 도토리깍정이 모양을 찾아보게 했다.

"졸참나무인가?"

"아니요. 모양이 달라요!"

"이 커다란 나무가 도토리나무인가 보다."

나뭇가지에서 나뭇잎을 따서 똑같은 걸 찾게 하였다.

"엄마! 이거예요. 갈참나무. 잎몸은 상수리나무보다 훨씬 넓어서 쉽게 구분이 되지요. 잎자루는 상수리나무처럼 길어요. 도토리깍정이에는 비늘 조각이 기와를 인 것처럼 포개져 있지요."

명도가 책을 읽으며 말한다.

"그래, 맞네. 이 커다란 나무가 갈참나무였구나."

잎이 넓적해서 그림 그리기에 좋아 보였다. 준비한 크레용을 꺼냈다. "우리, 그림 그리자!" 했더니 명도는 "난 싫어요. 도토리깍정이를 모을래요!" 한다. 그래서 명도는 도토리깍정이를 주워 가방에 담고 명훈이와 나는 나뭇잎 가족을 만들었다. 갈참나무의 잎 위에다 도토리깍정이 2개로 눈을 만들고 떨어진 나뭇가지로 코와 입을 만들었다.

"안녕, 명훈아! 나는 나뭇잎 엄마란다. 나에게 아기를 만들어 줄래?"

그러자 명훈이는 갈참나무의 잎을 크레용으로 색칠하고 도토리깍정이를 주워와 "눈은 하나, 둘." 하며 올려놓는다.

"코 하나. 하지만 난 못해." 울퉁불퉁한 나뭇가지를 가로로 놓으며

안 된다고 도와 달라고 한다. 열심히 코와 입을 올려놓았더니 '아지(강아지의 이름)'가 와서 나뭇잎을 물고 가 버렸다. 한바탕 울음 소동이 벌어지고 나서야 아지가 물고 간 나뭇잎을 찾아왔고 명훈이는 그렇게 열심히 나뭇잎 가족을 만들었다.

"할아버지, 할머니, 아빠, 엄마, 형. 나."

"우와. 나뭇잎 가족이네. 정말 잘했다."

칭찬하자 명훈이가 어깨를 으쓱하며 좋아한다.

"명도야! 명훈이가 나뭇잎 가족 만들었어. 이거 봐."

명도가 장난기 가득한 얼굴로 다가와 나뭇잎 위에 올려놓은 도토리 깍정이를 들고 가려고 한다. 내가 "손뼉 좀 쳐 줘라." 하자 마지못해 손뼉을 친다. 명훈이는 더 좋아서 어깨를 으쓱하며 함박웃음을 짓는다.

"명훈아! 이거 집에 가져갈 거야?"

"응."

명도가 주운 도토리깍정이와 나뭇잎, 나뭇가지를 가방에 넣었다. 그 사이 명도는 나무 위에 올라타 명훈이와 함께 우주선 놀이를 하며 논다. 나도 잠시 돗자리에 누워 바람에 흔들리는 나뭇잎 사이로 비치는 햇살을 바라보며 편안함이 여유롭게 행복으로 전해지는 순간을 느꼈다.

특별히 많은 것을 준비하지 않아도 자연은 많은 것을 준다. 스위스의 교육학자 페스탈로치는 단순히 외우고 체벌하는 교육이 싫어 아이들을 혼내기보다는 사랑으로 감싸고, 직접 만지고 느끼는 경험을 통해 아이들이 스스로 공부할 수 있도록 하는 참교육을 실천한 분이다. 이러한 교육철학을 학교 다닐 때 분명 공부하긴 했지만, 그저 이론으로만 내 머릿속에 남아 있었는데, 명도와 명훈이에게 그렇게 해 주고 싶었다.

그런데 나의 뇌 구조를 바꾸는 것이 힘들었다. 누구한테서도 그런 교육을 받아보지 못했고, 지금까지 내가 받은 교육이 바람직한 교육이 아닌 줄 알면서도 그 대안을 정확히 찾지 못했다. 또한 나도 모르게 내가 기존에 받았던 교육으로 돌아가려고 했다. 무의식적으로 외우고 주입시키려는 나의 뇌 구조부터 먼저 교육이 필요했다.

그러던 어느 날 러시아의 대문호 톨스토이가 세운 학교에는 책상과 의자가 없고 자연에서 아이들을 교육했다는 이야기가 나의 뇌를 자극했다. 될 수 있으면 소재를 자연에서 찾으려고 노력하다 보니 생각보다 수월히 찾을 수 있었고, 내 주변 환경을 이용하다 보니 나도, 아이도 함께 즐길 수 있게 되었다. 그렇다고 루소처럼 '자연에서 그냥 놀아라' 하고 방목하고 싶지는 않았다. 자연을 느끼며 자유롭고 자연스럽게 놀며 배우는 방법들을 찾아갔다.

사실 아이들을 데리고 자연으로 나오는 게 처음부터 쉬운 일은 아니었다. 먹이고, 씻기고, 옷 입혀 챙기는 일이 생각만큼 간단하지는 않았다. 모두 챙겨서 나오기도 전에 지치기 일쑤였다. 그럼에도 불구하고 그렇게 챙겨서 나오면 아이들도 나도 정신적으로나 육체적으로 편안함을 얻어 가며 "오늘도 잘 나왔어.", "정말 재미있었어.", "좋았어."라는 말이 절로 나왔다. 자연은 그런 것인가 보다.

가을

정명도(7세)

가을에 단풍이 물드는 것처럼
언제나 가을의 해가 오고

다람쥐가 땅에 묻어 둔 도토리를
겨울이 되면 까먹고
다시 가을이 와서 묻고

그게 자연의 이치로
번번이 돌아오는
그게 바로
생명의 꽃이 된다

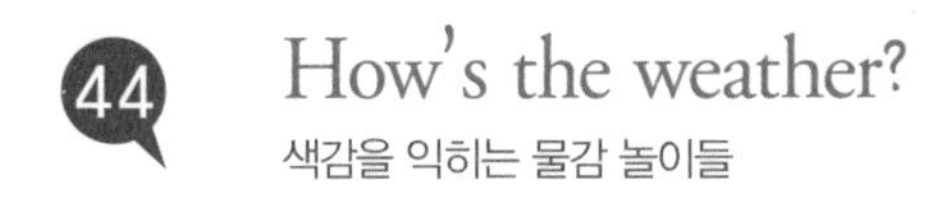

44 How's the weather?

색감을 익히는 물감 놀이들

"엄마! 우리 오늘 밖에서 물감 놀이해요!"

아침밥을 먹다 만 명도가 묻는다.

"How's the weather?"이라고 묻자 밖에 나가 날씨를 확인한 명도가 뛰어와 물감 놀이를 할 수 있다는 확신에 찬 목소리로 "Sunny."한다.

그렇게 해서 물감 놀이를 하기로 했다.

햇살 좋은 오전, 야외에 파라솔을 펼치고 테이블에 앉아 병아리 밑그림을 그려 아이들이 노란색 물감으로 색칠하며 놀 수 있게 해 주었다. 제법 손끝이 야물어진 명도가 섬세하게 색칠을 하는 모습을 보며 '많이 성장했구나.' 하는 생각이 들었다. 색칠을 다 하고 나자 "내가 더 멋있지요?"라고 명도가 묻는다. 그러자 명훈이가 "나도 멋있죠?" 한다. "응." 나의 말이 끝나기가 무섭게 명도가 "아냐! 내가 더 멋있어요. 명훈이는 색이 밖으로 나갔어요."라고 이야기한다.

"그래. 명도야! 잘했어. 멋있어. 하지만 명훈이 것도 멋있고 잘했어."

"아니에요. 내가 더 멋있어요."

"명도야! 너도 잘했지만, 명훈이도 잘했어. 네가 열심히 최선을 다한 것처럼 명훈이도 명훈이가 할 수 있는 만큼 최선을 다해 잘했기 때문에 잘한 거야. 다른 사람이 한 것도 인정해 주고 멋있다고 말할 줄 알아야 진짜 잘한 사람이야."

"아! 난 몰랐어요."

물론 아직 55개월인 명도는 또다시 자신이 한 것만 칭찬해 주길 바라고 다른 사람도 잘했다는 사실을 인정하지 않을 걸 알지만 언젠가는 할 수 있을 거라 여긴다.

처음 물감 놀이를 시작한 건 손 도장 찍기, 발 도장 찍기, 채소로 모양 만들어 찍기, 자동차 바퀴에 물감 찍어 자동차 굴리기, 단색으로 시작해 물감 섞기, 색깔 만들기, 물감 불기, 밑그림에 단색으로 색칠하기에서부터였다. 이어서 여러 가지 색깔을 사용하여 꽃밭, 풀밭, 자연을 자유롭게 그리며 색감을 익히고, 크레용과 물감을 함께 사용하여 크레용이 물감과 섞이지 않는 경험들을 하면서 물감 놀이에 재미를 붙이는 순으로 물감을 이용했다.

처음 붓을 사용할 때는 붓의 길이가 너무 길어 아이 손에 맞게 붓의

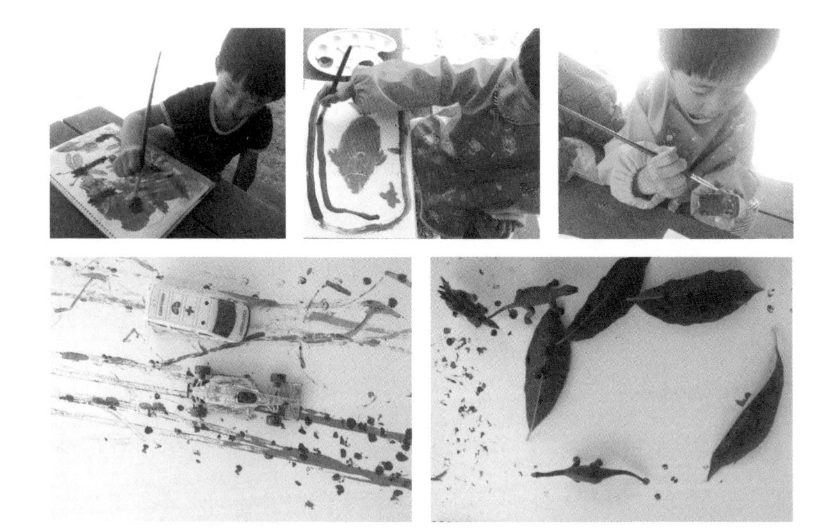

끝을 잘라 주었다. 그리고 물통을 함께 놓아두면 물장난으로 온통 뒤죽박죽이 되는지라 물통은 놓아두지 않았다.

아이들이 4~5살이 되면서부터는 물감 놀이를 될 수 있으면 야외에서 진행했다. 햇살은 아이들에게 정서적으로 안정감과 편안함을 주었고, 놀이를 밖에서 하게 되면 방 안에서 할 때보다 뒷정리가 편해지므로 아이들에게 제재보다는 자유스러움을 더 많이 줄 수 있었다.

또한 수성 물감만 사용하는 것이 아니라 아크릴 물감도 사용해 보면서 스케치북뿐만 아니라 캔버스에도 그림을 그려서 그 작품 그대로를 액자로 사용해 보기도 했다. 처음에는 간단한 밑그림을 그려 단색으로 색칠해 보는 것부터 시작해 자신의 의지대로 마음껏 그려 볼 수 있게 하였다. 캔버스의 크기도 작은 것에서 점차 큰 것으로 넓혀 갔다.

물감을 사용하면서 명도에게 그림을 끝까지 완성하고 마무리를 짓는 과정이 중요하다고 가르치며, 나는 무엇을 시작하면 반드시 끝까지 해내야 한다는 것을 아이에게 교육할 필요가 있다고 스스로 생각했지만, 명도는 이것을 버거운 일로 여기고 있다는 것이 점점 느껴졌다.

아이에게는 그냥 자유롭게 물감을 섞고 칠해 보고 싶은 욕구가 넘치는데 그것을 제대로 읽어 주지 못했다. 그래서 간단한 밑그림을 단색으로 색칠하는 과정 다음으로 아무것도 그려져 있지 않은 도화지를 주고 아이 마음대로 색을 칠해 보는 기회를 주었다. 그런데 그런 시간들이 아이가 색감을 익히는 과정이라는 것을 알게 되었다.

7살이 되어 나무를 그리고는 노랑, 갈색, 빨강들을 섞어 나뭇잎에 물감을 입히며 "가을이라 단풍이 든 거예요." 하면서 나뭇잎을 색칠하

는 명도를 보며 완성된 작품을 만드는 것보다 그냥 물감을 가지고 놀아 보는 과정들이 아이들에게 반드시 필요하다는 것을 알았다. 크레파스로 그림을 그리고 바탕색을 물감으로 칠해 보는 놀이를 할 때는 “크레파스가 물감을 밀어내요.” 하며 매우 신기해하고 재미있어 했다.

아이들은 스펀지처럼 모든 것을 흡수해 다양한 농도, 다양한 색깔을 자신 안에 그대로 담았다. 또한 그 담은 색깔에 자신만의 색을 넣어 또 다른 색깔을 만들어 낼 수 있는 능력도 갖추어 갔다.

여기는 명도네 숲입니다

아이의 놀이 확장시켜 주기

"엄마! 이리 와 보세요."

아침 설거지를 하고 있는데 명도가 불러서 가 보니 '또봇' 장난감을 다 꺼내서 한 줄로 세워 두고는 환하게 웃고 있다.

"이게 다 몇 개야?"

"1, 2, 3, 4, 5, 6, 7, 8개."

"우와! 이렇게 많아?"

명도 이모와 삼촌이 사 준 장난감이다.

"그런데 여기에 '후루티'를 더하면 몇 개가 될까?"

"1, 2, 3, 4, 5, 6, 7, 8, 9니까, 아홉 개."

"그렇지."

"근데 여기서 하나를 명훈이에게 주면 몇 개일까?"

"8개."

"아주 잘했어."

아침에 명도에게 책을 읽어 주려고 계획을 세웠지만, 이왕에 수를 센 김에 수를 먼저 하기로 마음먹었다. 때마침 공룡 장난감이 보이기에 손가락으로 가리키며 "공룡도 줄 세워 보면 어떨까?" 하자 명도가 서랍에 있는 도마뱀을 움켜쥐며 "파충류 세워 볼래요." 한다.

"그래. 그럼 명훈이가 공룡을 세우고 명도가 파충류와 양서류를 세우면 되겠다."

서랍에 있는 공룡과 파충류, 양서류 모형을 모두 찾아 줄을 세워 놓

은 후 내가 말했다.

"뭐부터 세어 볼까?"

"파충류와 양서류부터 세어 봐요."

"하나, 둘, 셋, …. 일곱, 여덟, 아홉, 열, 열하나, 열둘, 열넷."

아직 서수를 잘 세지 못해 서수 세기를 한참 하고 있는 중이다.

나는 명도에게 "열셋."이라고 정정해 주었다.

"열세 개요."

"그럼 공룡은 몇 개인지 세어 보자."

"하나, 둘, 셋, 넷, 다섯, 여섯, 일곱, 여덟, 아홉, 열, 열하나, 열둘, 열셋, 열다섯, 열여섯."

명도가 옆에서 수를 세자 명훈이도 따라서 한다.

"명도야, 열넷, 열다섯."

"나보다 많아요."

종이에 '또봇: 9, 파충류와 양서류: 13, 공룡: 15'라고 적은 후 "파충류와 양서류는 공룡보다 몇 개 적어?" 하고 명도에게 물었다. "2개." 라고 말하더니 서랍을 뒤져 개구리와 뱀, 나무로 만든 커다란 두꺼비 조각상을 꺼내어 온다. 그리고는 "내가 많지."라고 웃으며 줄을 세운다. 그리고 줄 세워 놓은 것들을 다시 세어 본 후 다시 물었다.

"명도야! 여기서 제일 적은 게 뭐야?"

"또봇."

"그렇지."

"그럼 많은 것은?"

"내 것."

이렇게 수 세기 놀이만 하고 끝내려 했을 때 명도가 제안했다.

"엄마! 파충류와 양서류는 수풀 속에 살잖아요. 우리 숲을 만들어 주면 어때요?"

"그래. 좋은 생각이다. 잠깐만 기다려 봐."

동그란 화장지심 2개와 전날 밤 아이들과 남편이 함께 불고 놀았던 풍선 2개, 색종이, 가위, 풀을 챙겨 왔다.

갈색 색종이를 화장지심에 붙일 수 있도록 오려 준 후 아이들에게 풀칠해서 붙이게 하였다.

"파란색과 보라색 중 어떤 색으로 하고 싶어?"

"보라색!"

그다음 화장지심으로 만든 몸통 위에 풍선을 올려 준 후 테이프로 고정해 주었다. 그사이 명훈이는 연필로 '그림 아닌 그림'을 종이에 그리며 이야기를 만들고 있다.

초록색 색종이를 4겹으로 접어 그 위에 나뭇잎을 그린 후 겹쳐서 오리며 "마술입니다. 엄마가 색종이를 한꺼번에 몇 장을 오릴 수 있을까요? 하나, 둘, 셋, 네 장을 오렸습니다." 하면서 한 장, 한 장 보여 주며 수를 세어 주었다. 그리고 연두색 색종이를 4겹으로 접은 후 맨 위에 그림을 그리고 명도에게 "오려 봐." 했다.

오리면서 4겹의 색종이가 서로 밀리며 모양은 흐트러졌지만 한꺼번에 4장이 나오자 뿌듯해 한다.

"풍선에다 나뭇잎을 붙여서 나무를 만들어 주자."

명도는 열심히 나뭇잎을 붙였고, 나는 나뭇잎을 오려 주었다. 명도는 나뭇잎을 빨갛게, 노랗게 만들어서 붙이기도 한다.

"단풍이 물들어 빨갛게 되었어요."

그렇게 나무 한 그루를 다 만들고 나서는 "엄마, 숲인데 나무가 많아야 하잖아요. 한 그루 더 만들어요." 한다. 명도와 달리 명훈이는 더

만들고 싶어 하지 않는 것 같아 명훈이 것을 명도에게 주자 "싫어. 나는 없어." 하며 명훈이가 입을 삐쭉거린다. 결국 명훈이에게는 요구르트병에 풍선을 올려 주어 나뭇잎을 붙이게 해 주었다. 명도는 판 위에 나무 두 그루를 붙여 놓고 양서류와 파충류들을 자리 잡아 준다.

"풀도 있어야 해요. 숨어 있어야 하니까요."

오리고 남은 색종이를 '풀'이라며 뱀의 보금자리를 만들고, 황토색 색종이를 뭉쳐 '바위'라며 바위도 만들어 준다. 또 방 안 어디에선가 하늘소를 찾아와 나무 위에 올려놓으며 이야기를 만든다. 그사이 명훈이는 '초식 공룡들의 먹이'라며 공룡을 들고 나뭇잎을 따 먹는 시늉을 하며 놀고 있다.

아이들의 노는 모습을 뒤로하고 점심 식사를 준비하고 있는데 명도가 와서는 "엄마 한 번만 와 보세요." 해서 가 보니 "출입금지 표지판을 만들어 주세요." 한다. 표지판을 종이에 써서 세워 달라는 것이다.

책상 달력처럼.

"여기는 명도네 숲입니다(출입금지). 여기는 환경 보호 지역이니 농약을 한 알도 하지 마세요."

"명도야! 농약은 액체야."

"뿌리지 마세요."

"그렇지."

"두꺼비도 비가 올 때 나타납니다. 제발 부탁입니다."

종이가 다 채워지자 명도는 "다 했어요. 이제 됐어요." 한다. 나무와 나무 사이에 놓으며 꼭 진짜인 것처럼 "엄마, 이제 이 표지판을 보고 아무도 농약을 치지 않겠죠." 하며 행복해 한다. 아이의 그런 행복한 얼굴이 사랑스럽다.

작은 언니(시누이)가 아이들을 다 키워 더 이상 필요 없게 되자 '신기한 수학나라' 교구를 주었다. 빨강, 노랑, 초록, 파랑 원색으로 아이들이 색을 알 수 있고, 작은 교구들을 끼워 탑을 쌓거나 조작할 수 있게 되어 있었으며, 동물과 탈것 그리고 모양을 알 수 있도록 돕고, 분류하고 수를 셀 수 있게 한 교구이자 장난감이었다. 처음 명도가 두 돌이 지나기 전에 받았을 때는 아주 좋은 장난감이었지만 이후 장난감이 많아지고 내가 자연으로 눈을 돌리게 되자 점차 쓸모가 없어졌고, 굳이 돈을 들여 다른 교구를 사야 할 이유도 찾지 못했다.

집에 있는 장난감들을 충분히 멋진 교구로 사용할 수 있으며, 나뭇잎 세기나, 서로 다른 나뭇잎 모양 분리하기, 마당에 핀 민들레꽃 홀씨 따서 불기, 민들레꽃으로 숫자나 글씨 만들기, 돌멩이 모아 보기, 나뭇가지 모아서 세어 보기, 솔방울 모아 수를 세어 보고 멀리 던지기, 강아지풀로 숲 만들기 등 충분히 자연의 일부를 교구로 사용할 수 있다.

나뭇잎 요정 같아요

홈스쿨링의 연간 계획

집 앞에 있는 커다란 오동나무의 잎이 바람에 흩날리는 오전, 명도는 파라솔 아래에서 '아지(강아지 이름)'를 들었다 놓았다 하며 명훈이와 함께 놀고 있다. 그런 명도를 불러 가위를 주면서 말했다.

"명도야! 커다란 오동나무 잎 2장만 따 가지고 와. 오늘은 나뭇잎으로 인형을 만들 거야."

오동나무로 쏜살같이 달려가 나뭇잎을 찾더니 2장을 잘라 왔다.

"감나무 4장, 허브 4장, 장미 잎 4장 따 가지고 와."

"장미는 싫어요. 아직 꽃도 안 피었잖아요."

"그래. 장미는 빼고 따 와."

"네."

장미는 명도가 『어린 왕자』 책을 읽고 나서, 심고 싶다고 하여 올봄 심어 놓았다. 새싹이 나자 누구보다 호들갑을 떨며 좋아했던 명도는 그런 소중한 장미 잎을 따 오라고 하니 싫었던 것이다. 크고 작은 나뭇잎과 함께 크레파스를 주면서 아이들에게 말했다.

"이 나뭇잎으로 인형을 만들어 볼까?"

그러자 커다란 오동나무 잎에 눈, 코, 입을 그리고 감나무 잎으로 뾰족한 귀를 만들고 별 모양 풀잎으로 발을 만든다.

"나뭇잎 요정 같아요."

"정말 그렇다."

그렇게 모양들을 바꿔 가며 문어도 만들고, 도깨비도 만들며, 자유롭게 제한된 잎으로 다양한 형태들을 만들어 갔다.

그리고 다음 날은 나뭇잎을 넣어 그림을 그리게 하였다. 명도는 나뭇잎에 사자 얼굴과 함께 사자 얼굴 주변에 있는 갈기를 그려 '아프리카의 사자'라는 제목의 그림을 그리고, 명훈이는 나뭇잎을 몸통으로 삼아 주변에 다리 6개를 그려 '진딧물'이라는 제목의 그림을 그리는 아이들에게서 창의력을 들여다볼 수 있었다.

홈스쿨링을 하는 데 있어서는 연간 계획을 세우는 것이 매우 중요하

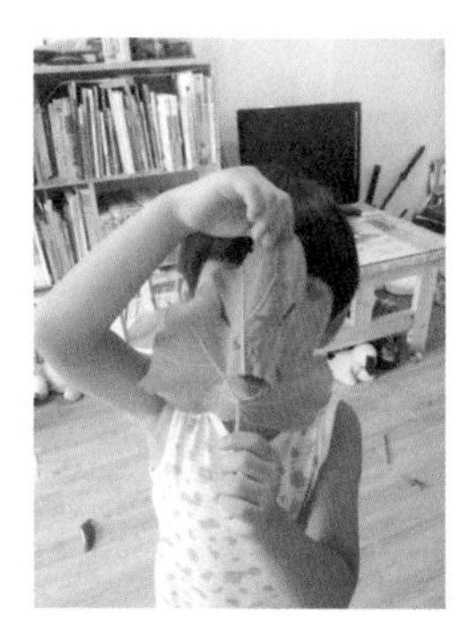

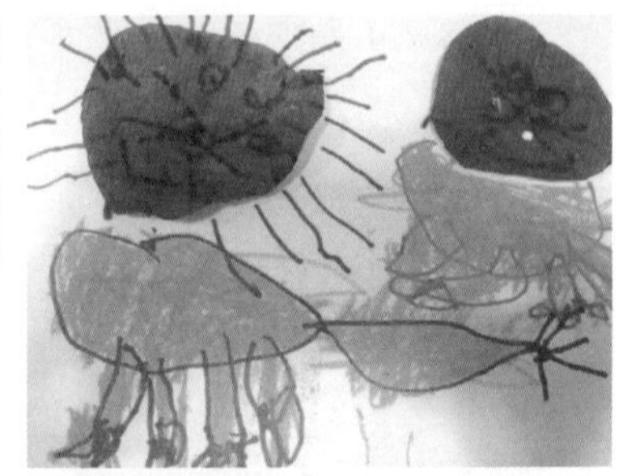

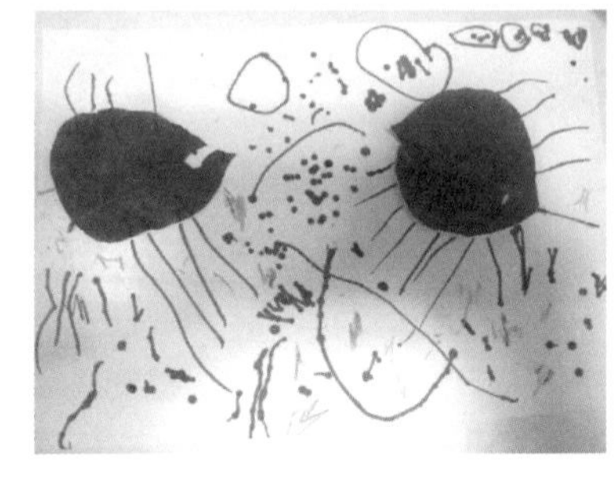

다. 말이 거창해서 연간 계획안이지, 엄마가 하고자 하는 교육의 방향을 구체적으로 적어 놓은 것이다.

0~12개월까지는 그야말로 아이가 부모에게 전적으로 의존하는 시기이다. 이 시기에는 어떻게 하면 아이를 가장 건강하고 안전하게 돌볼 것인지를 생각했고, 12~24개월은 호기심으로 온통 만져 보고 입으로 빨고 맛보며 인지가 형성되는 시기여서 그 욕구를 채워 주기 위해 노력했다. 24~36개월은 아직은 모든 것이 서툴지만, 아이 자신이 주체가 되어 때로는 '까칠하게' 하고 싶은 대로 성질을 부리며 자신을 만들어 갔다.

또한 36~48개월은 아이가 3년 동안 배우고 알았던 것이 꽃피는 시

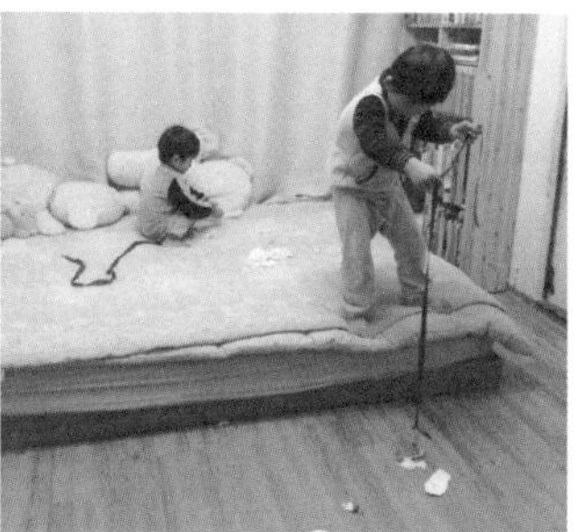

기였다. 그와 함께 한글 떼기와 책 읽기의 독립을 위해 주 5일 5~10분 한글 놀이와 함께 30~60분은 꼭 아이에게 책을 읽어 주는 데 집중했다. 그러나 한글 떼기와 책 읽기를 할 때 아이에게 절대 강요하지 않았고 3분을 해도 즐겁고 재미있게 하는 데 중점을 두었다.

한글 떼기와 책 읽기 독립은 어느 하나를 분리해서 교육할 수 있는 것이 아니다. 온종일 나와 함께 있어도 아이들과 놀아 주고 책 읽어 주는 시간은 짧게는 30분, 길게는 2시간을 넘지 않았다. 물론 바깥 놀이 시간을 제외한 시간이다.

영어를 친숙하게 만들어 줘야겠다고 계획을 세웠을 때는 매일 영어책 2권 이상, 영어 오디오 틀어 주기, 주 2회 영어 영상물 보여 주기를 꾸준히 해 주었다.

미술 놀이는 주 1회 계획하였다. 그러나 아이가 한참 미술 놀이에 관심을 보일 때는 그냥 며칠이고 미술 놀이를 할 수 있는 시간과 장소를 제공해 주었다. 계획은 세우되 아이의 상황에 맞게 놀이를 변경하고 아이의 성향에 맞추어 놀이를 하였다. 이것이 바로 홈스쿨링의 장점이다.

또한 한글떼기를 하는 데 있어서 단 5분, 10분, 15분이라도 재미있게, 꾸준히 하는 것이 무엇보다 중요하다. "오늘은 뭘 하고 놀지?" 하고 아이에게 물어보는 방법도 있고, 혹은 아이가 자연스럽게 무언가에 관심을 가지고 놀고 있다면 아이의 그 놀이에 집중해 주며 그 놀이가 더 깊이 진행될 수 있도록 도와주거나, 필요로 하는 것을 제공해 주는 것만으로도 아이와 즐겁고 행복한 시간으로 만들 수 있다.

네가 이토 히로부미 해!

깊이감 있게 놀기

"엄마, 일장기 그려 주세요."

아침밥을 먹고 나서 명도가 뜬금없이 말한다.

"일장기를 왜?"

"일본 사람 하려고요."

정말 뜻밖의 일이었지만 A4 용지에 일장기를 그려 주며 종이 한가운데 그려진 동그라미를 빨갛게 색칠하라고 했다. 그러자 명도는 우리나라 태극기와 중국 국기인 오성홍기도 그려 달라고 한다. 나는 태극기를 먼저 그려서 옆에 있던 명훈이에게 주었다. 그러자 명도가 일장기를 들고 명훈이에게 달려온다.

"명훈아! 너는 한국 사람이야. 내가 네 땅을 뺏는 거야. 이건 일본 땅이다. 내놔라."

명도는 명훈이와 '땅 빼앗기' 놀이를 하며 이 방에서 저 방으로 돌아다니느라 정신이 없다. 그 와중에 나는 중국 국기를 그려 책상 달력 형식으로 만들어 거실 테이블에 올려놓고 "여기는 중국 땅이니 들어오지 마세요." 하자 명훈이가 명도에게 쫓겨서 도망을 온다.

"한국과 중국은 연합했어."라고 하며 놀이를 하던 중 명도가 "나도 한국 할래. 명훈이, 네가 일본 해. 내가 안중근이고, 네가 이토 히로부미 해." 하며 국기를 바꾸려 한다.

순순히 줄 리 없는 명훈이의 국기를 결국 명도가 빼앗자 한바탕 소동이 일어나고, 각 방마다 국기를 올려놓고 명도는 일본 방에, 명훈이는 한국 방에, 나는 중국 방에 머물렀다. 잠시 이렇게 휴전 상태로 머물던 중 또 한바탕 정신없는 땅 빼앗기 놀이가 시작되었다. 그렇게 몇 번의 놀이 끝에, 모두 모여 지구본을 놓고 한국과 중국, 일본을 찾아보며 영어로도 알려 주고 각 나라별 수도까지 찾아본 후 놀이를 마무리했다.

명도가 우리나라 위인전을 접하면서 많은 독립운동가 중 김구와 안중근을 유난히 좋아했다. 『안중근』 책을 본 후에는 언제나 안중근 놀이로 이어졌다. 내가 놀이에 참여하지 않아도 조금씩 발전하여 블록으로 안중근의 총을 만들어 명훈이와 총싸움을 하기도 하고 역할 놀이를 하기도 했다. 종이 태극기가 너덜너덜 떨어져 두 번 정도 새로 그려 주기도 했다. 돌아보니 가까운 이웃 나라임에도 불구하고 중국 국기를 그려 본 기억이 거의 없었다. 아이들 덕분에 함께 국기도 그려 보고, 각 나라의 문화에 관한 책도 읽어 주며 아이들의 시야를 넓힐 수 있게 만들어 주었다.

명도와 명훈이가 타임머신 놀이를 하며 "나는 러시아로 갈 거야. 너는?" 하고 명도가 묻자 명훈이는 "나는 몽골." 한다. 아이들은 자신이 아는 만큼 나라 이름을 대고 놀이를 만들어 갔다. 놀이를 할 때도 아는 게 있어야 깊이 있게 들어가고 확장할 수 있다. 만 3~5세 유아에게 공통적으로 제공하는 교육 · 보육 과정을 일컫는 말인 '누리 과정'에는

'세계 여러 나라' 과정이 있다. 앞으로는 더욱더 세계를 알고 이해하는 교육이 필요할 것이다. 그러나 교육을 위해 아이들에게 지식을 주입하고 앎을 강요해서는 안 된다. 아직은 자유롭게 놀며 이해할 수 있는 시간이 이 시기의 아이들에게 필요하다.

아이를 임신하기 전 미국 뉴욕 주 콜롬비아 카운티에 있는 클라버랙(Claverack)에 거주했을 때 홈스쿨링을 하는 아이와 부모를 만난 적이 있다. 부모와 아이의 상호작용들이 편안하고 끈끈하며, 아이의 사랑스러움이 소소한 일상을 행복으로 채워 부럽게 만들었던 진한 여운이 남아 '내가 만약 아이를 낳는다면, 저렇게 아이와 함께 느끼며 함께 만들어 가야 하는구나.'라고 막연히 생각한 적이 있다.

우리 부모들은 아이와 함께 삶을 나누며 함께 만들어 간다는 생각보다는 어떤 목적의식을 갖고 그 목표를 위해 아이를 의무감으로 대하기 쉽다. 또한 부모는 자녀 교육에 대한 부담감 때문에 돈을 주고 그 책

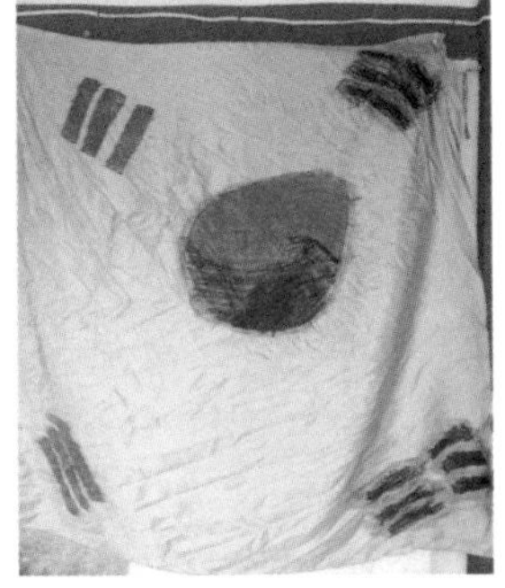

임을 다른 선생님에게 맡겨 버리고 부모와 아이가 함께 삶을 만들어 가는 경험을 하지 못한다.

예를 들어 이 시기 신체 놀이가 중요하다고 해서 체육 선생님에게 돈을 줘 가며 아이가 부모와 함께 만들어 갈 끈끈함을 팔아 버린다.

함께 공을 던지고 받고, 풀밭에서 뛰어 보고, 노래를 듣고, 그림책을 보고, 곤충을 잡아 보는 일상들을 아이가 엄마, 아빠와 함께 만들어 가야 하는데, 우리는 '함께' 한다는 것에 참 인색하다.

왜냐하면 그와 같은 일들을 우리 자신도 우리의 부모님들과 '함께' 해 보지 못했기 때문이다. 그래서 우리도 함께 한다는 게 어렵다. 경험해 보지 못했고, 배우지 못했기 때문이다.

그러다 보니 일방적으로 해 줘야 한다는 의무감으로 아이들을 가르치고, 잘 교육해야 한다는 책임감 때문에, 공을 던져 줘도, 책을 읽어 줘도, 달리기를 해도, 놀이 공원에 가도, '함께 하는 것'이 아니라 '해 줘야 하는 것'으로 여겨 부모의 스트레스가 될 수밖에 없다. 그러다 보니 아이와 함께 삶을 즐기고 나누지 못한다.

또한 만 0~3세까지는 아이와 잘 놀아 주다가, 만 4~5세가 되면 아이가 이미 많이 컸다고 생각해 본격적인 학습을 시작한다. 그런데 만 0~5세는 심리학자들이 말하는 '사랑의 배터리'를 만드는 중요한 시기이다. 이때 하지 못한다면 앞으로도 하기 어렵다는 이야기이고, 이 아이가 성인이 되어 이 배터리를 충전한다 해도 결코 가득 채울 수 없는, 금방 방전되는 배터리를 갖게 되는 것이다. 책임감과 목적의식을 내려놓고 아이와 함께 한다면 편안하고 끈끈한 사랑의 관계를 만들 수 있다고 믿는다.

매미 허물이에요

자연은 엄마에게도 편안함을 선물한다

"오늘 어디로 소풍 갈까?"

"오늘은 백제불교도래지에 가요. 아지(강아지 이름)랑 함께 가면 안 돼요?"

"그래."

"와!"

명도의 바람대로 집 근처에 있는 '백제불교문화최초도래지'로 간단한 샌드위치와 토마토즙을 챙겨 나섰다. 바닷가에 자리한 이곳에 도착하자 바닷물이 빠져 갯벌에서 노는 망둑어와 옆으로 기어가는 농게들이 한눈에 들어왔다. 갈매기가 유유히 한 발 한 발, 발을 옮길 때마다 농게들이 재빨리 몸을 숨기는 모습을 한참 동안 바라보며 우리도 천천

히 발걸음을 옮겼다.

"엄마! 버드나무인가 봐요!"

연못가에 있는 나무를 바라보며 명도가 소리친다. 벌써 가까이에 가서 나뭇잎을 한번 만져 보고 떨어진 나뭇잎을 바라보며 "노란색으로 변한 것도 있어요!" 한다. 옆에 있던 명훈이도 "나도 찾았다." 한다.

노랗게 물든 나뭇잎을 주워 주머니에 넣는 명도를 뒤로하고, 나는 비탈진 곳에 나무를 심어 배수와 더불어 수평을 잡기 위해 동그란 홈을 파서 느티나무 6그루를 심어 놓은 곳에 자리를 잡고 벤치에 앉아 도시락을 꺼냈다. 샌드위치와 토마토즙을 가장 먼저 다 먹은 명도가 일어나 동그란 홈에 들어가 빠지는 시늉을 하며 소리를 지른다.

"Help! Help me!"

그러자 아지가 재빨리 달려간다. 명도와 아지가 서로 뒤엉켜 놀고 있자 명훈이가 샌드위치를 먹다 말고 일어나 명도 쪽으로 향한다.

명도는 기다란 나뭇가지를 들고 "Go away! You're dangerous. Go away!"

명도가 영어책에서 나온 것을 상황에 맞게 사용하며 놀이를 만들어 가는 것을 한동안 지켜보았다. 둘은 나뭇가지를 가지고 땅을 파고, 칼싸움을 하고, 나무를 심어 놓은 동그란 홈들을 옮겨 가며 구르고 떨어지는 시늉을 하면서 도와주고 잡아 주는 놀이를 하다 명도가 외친다.

"엄마! 매미 허물이에요."

"I got it." 명훈이가 매미 허물을 잡아들고 말한다.

"엄마! 저기 나무에 매미 허물이 붙어 있어요. 그런데 엄마, 등껍질이 칼로 자른 것처럼 쫙 갈라졌어요."

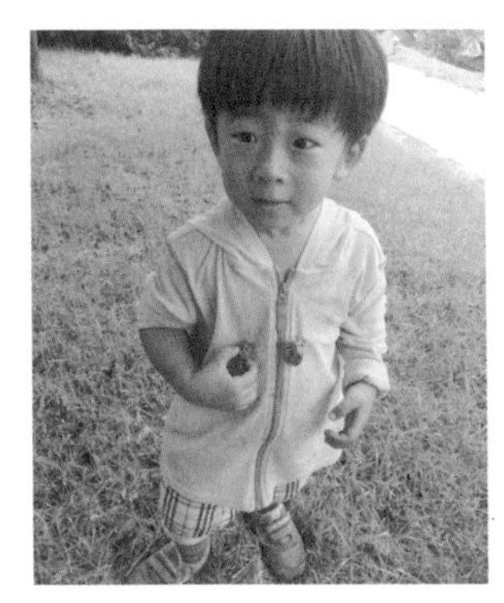

"그러네."

명훈이가 매미 허물을 옷에 붙이며 나무가 되어 보고 있는 사이 높은 나무 위에 붙은 매미 허물을 발견한 명도가 말한다.

"들어 올려 주세요."

"너는 너무 무거워. 명훈이면 모를까?"

"명훈아! 이건 내 건데 네가 떼어 줘."

그때부터 우리는 매미 허물 찾기 숨바꼭질을 하였다. 나무 한 그루와 밑을 다 살피고 난 뒤에 다른 나무로 옮기며 내가 말했다.

"OK. Done. We'll find another tree."

다른 나무로 옮겨서 아이들과 함께 주변들을 샅샅이 살폈다.

"One, two, three, four, five, …, eleven, twelve."

모두 12개의 매미 허물을 찾았다.

어떤 장난감도 필기구도 가져가지 않았지만, 아이들 스스로 놀이를 만들어 가고 찾아내며 오전 11시에 가서 배가 고플 때까지 놀고, 관찰하고, 느끼고, 발견하고, 찾고, 집에 돌아왔다.

사실 아이들이 처음부터 이렇게 잘 놀았던 것은 아니었다. 프랑스에서 아이들을 키우는 엄마들은 아이들과 함께 놀러 갈 때 따로 보따리를 챙기지 않는다는 이야기를 듣고 해 보기로 했다. 처음에는 심심해 하고 뭘 하고 놀아야 할지 몰랐던 아이들이 장난감이 없으니 스스로 놀이를 찾아냈다. 계단을 만나면 가위바위보를 하며 계단 오르내리기를 하고, 자연을 만나면 자연을 느끼고 감상하며, 눈으로 담고 변화를 알아차리며, 사물을 유심히 관찰하기 시작했다. 언젠가부터는 따로 가져간 물건들이 거추장스러워졌다.

발트킨더가르텐(Waldkindergarten), 독일어로 '숲 유치원'이라는 뜻이다. 아이들이 가끔 현장 학습을 하는 것이 아니라, 아침에 등원해서 하원하는 순간까지 숲에서 모든 수업이 이루어지는 유치원이다. 이 유치원의 가장 큰 특징은 아이들이 놀이를 스스로 찾아내고 문제를 해결하며 자유롭게 사고하는 힘을 길러 나간다는 것이다. 그로 인해 아이들이 자신의 생각을 자유롭게 표현하고 다른 친구들의 의견을 잘 듣는 교육을 할 수 있다고 한다. 또한 교사는 아이들에게 지식만을 가르치는 사람이 아니라 환경을 제공하고 아이들과 함께 활동을 구성해 나가는 역할을 한다고 한다.

아이들을 숲이든 바다든 데리고 나가 보면 내가 놀이를 계획하거나 제공한 적이 거의 없다. 아이들이 자발적으로 놀이를 만들어 가고 이끌어 갔다. 단, 아이들에게 탐색의 시간을 충분히 제공하였다. 적어도

15~20분은 자유롭게 그 환경을 알아 가는 시간을 주어야만 작은 것들까지 관찰하고, 같은 장소라 해도 다른 것들을 발견하고, 새로운 놀이를 찾아내고, 깊이 있는 놀이와 완성도 있는 놀이의 내용들을 만들어 냈다.

자연은 아이뿐 아니라 엄마인 나에게도 편안함과 여유로움을 선물해 줬다. 사실 엄마가 먼저 여유로워져야지 아이를 여유롭게 대할 수 있다. 엄마가 먼저 편안해야지 아이를 편안하게 대할 수 있다. 아마도 육아를 하는 동안 가장 필요한 부분이 아닌가 싶다. 그래야만 아이의 사랑스러움이 비로소 눈에 들어온다.

사실 언제나 아이가 사랑스럽게 보일 수만은 없다. 아이들이 성장함에 따라 찾아오는 과정들이 부모로서 감당하기 힘들게 다가올 때, '내가 뭔가 잘못해서 그런 게 아닐까?' 자책하기도 하고, '도대체 뭐가 잘못된 거지?' 하며 분노하기도 했지만, 그럴 땐 언제나 내 마음에 여유가 없어서 나 스스로 나 자신을 방망이질하는 모습이 보였다.

결국 나 스스로 여유로움을 찾아야지 아이와 함께 있는 시간들이 여유롭게 느껴진다는 것을 알았다. 이 마음을 찾기 위해 한동안은 '오늘도 넉넉한 마음으로 여유롭게, 아이에게 큰 소리로 말하지 말고 칭찬하자!'를 하루에도 몇 번씩 마음에 새기며 아이를 대할 때가 있었다. 이것이 내 마음에서 '자유로워질 때'까지 오랜 시간 동안 아이뿐 아니라 나를 위해 연습하고 또 연습했다.

종종 사람들이 나에게 아들 둘 키우는 엄마가 아닌 것 같다는 이야기를 한다. 딸과 아들의 문제가 아니라 아이들을 키우다 보면 목소리가 커진다. 나는 누구를 위해서가 아니라 나 자신을 위해 목소리를 높이지 않으려고 노력했다. 내 마음에 넉넉함과 여유로움을 키우기 위해 자연으로 눈을 돌리고 그 마음을 유지하기 위해 많은 시간 노력하며 나를 위한 시간들로 만들었다. 물론 지금도 잊지 않고 그 마음을 챙기려 노력하며 감정을 추스른다.

49 비가 노래를 부르는 것 같아요

자연을 벗 삼아 잘 노는 게 최고의 교육

장맛비가 억수같이 퍼붓자, 명도가 날 바라보며 묻는다.

"엄마! 나에게 비가 노래를 부르는 같아요. 안 그래요?"

"그러네."

하늘에서 빗방울이 떨어져 지붕이든 우산이든, 무언가와 맞닿을 때 나는 그 경쾌하고도 묵직한 소리가 좋아 나는 비 오는 날을 좋아한다. 그래서인지 아이들도 비 오는 날을 좋아한다. 우리는 마루 위 의자에 앉아 퍼붓는 빗소리를 들으며 한참 동안 비를 감상하고 이야기를 나누었다. 비가 좀 잦아들자 명도가 비옷을 들고 온다.

"엄마, 비옷 입고 나가서 놀고 싶어요."

아이 둘 다 비옷을 입히고 장화를 신겨 밖으로 내보내고 나는 의자

에 앉아 아이들을 지켜봤다. 물 고인 웅덩이에 첨벙 발을 빠뜨리고는 아지(강아지 이름)와 달리기 놀이를 하며 슈퍼맨 놀이를 한다.

"빰빠바 빠바바바!"

그러다 처마에서 모인 물이 샤워 부스 되어 콸콸콸 떨어지는 빗물에 머리를 대고 둘이 좋아 알아들을 수 없는 말들을 하며 신이 났다.

비옷 속으로 물이 들어가자 비옷을 벗어 떨어지는 빗물에 빨래를 하는 모습을 보고, 마루에 수건을 놓아둔 후 점심밥을 준비하고 있자니 명도가 나를 부른다.

"엄마! 이것 좀 보세요."

나가 보니, 옷을 홀딱 벗은 아이들이 웃으며 손가락으로 마루를 가리킨다. 장화와 비옷 그리고 입었던 옷들을 벗어서 마루에 차례대로 걸쳐 놓았다.

"정말 잘했다. 우리 아들들 대단하네."

엄지손가락을 치켜 세우며 칭찬을 해 주었다. 씩 웃는 아이들의 웃음에 행복과 우쭐함이 묻어 있다. 더욱이 엄마를 위한 아이들의 배려라고 생각하니 뒷정리가 한결 수월하게 느껴진다.

유치원(kindergarten)은 '아이들(kiner)이 노는 정원(garten)'이라는 뜻으로 '자연을 벗 삼아 잘 노는 게 최고의 교육'이라고 주장했던 프뢰벨이 만들었다. 나는 아이들에게 자연과 벗 삼아 함께 할 수 있는 시간을 삶의 일부분이라도 제공해 주고 싶었다. 자연을 벗 삼아 아이와 함께 있으면서 아이가 자연의 이야기에 귀를 기울인다는 것을 알았다.

그 이듬해 유난히 가뭄으로 힘들었던 여름의 끝자락에 시원하게 쏟아지는 비를 보고 싶다며 마루에 매달아 놓은 그물 침대에 앉아 아침 밥을 먹기도 전에 흥얼흥얼 콧노래를 부르며 한참 동안 비 내리는 모습을 바라보고 있던 명도가 들어와 "엄마, 시를 써 볼게요. 받아쓰세요." 한다.

소나기에서 자라는 마음 I

정명도(7세)

영원을 잊지 마소

그 비에서 자라는 마음

그 어떤 것에도 끄떡없죠

이 세상을 잊지 말아야 하는 것이 여기 담겨 있죠

그 어디에 가서도 잊지 마소

자신을 잊지 마소

여기에 담겨 있어요

영원을 잊지 말아야 하는 것이

여기에 담겨 있죠

분수처럼 솟아나는 마음을 잊지 마소

소나기에서 자라는 마음 II

정명도

영원을 잊지 마소서

그 소나기에서 자라는 영혼을 잊지 마소

휘 휘몰아치는 바다에서도 영원을 잊지 마소서

비는 흘러가서 흘러가서 마음에 마음에 깨닫게 되지

그 영원을 지나서 영원을 잊지 마소서

물론 '어… 어…' 하고 생각하는 틈이 있었지만, 명도가 하는 말을 받아 적으면서 한 글자도 손대지 않았다. 어떻게 이렇게 지었냐고 물어보니 "어쩌다 저쩌다 나왔어요." 한다. 그냥 그 분위기와 감성에 젖다 보니 나온 것이다.

피카소가 모든 아이들은 화가라고 했듯이 아이들은 누구나 시인이다. 많은 엄마들이 아이들을 키우며 때때로 아이들의 한마디, 한마디가 놀랍고 아름답게 다가온다고 입을 모은다.

아이 자신의 순수함을 지키고 간직할 수 있도록 부모가 지켜주고, 인정해 주고, 잘했다고 칭찬해 주며, 아이의 이야기를 들어 주고, 감수성을 키워 주는 과정들이 아이들을 시인으로 만든다.

우리 아이들은 앞으로 노동은 인공지능(AI)이 맡아 주며, 무인 자동차가 상용되면서 운전기사라는 직업이 없어지고, 그로 인해 교통경찰들이 사라지고, 교통사고 감소로 수명이 더 연장되는 제4차 산업혁명 시대에서 살아갈 것이다. 그래서 우리 아이들이 인간만이 갖는 순수한 감수성을 키우고 지켜 갈 수 있도록 돕는 데 더욱 집중해야 한다. 그 역할들을 아이와 가장 많은 시간을 함께 보내고 아이를 가장 잘 아는 부모가 할 수 있다고 믿는다.

왜 밤에는 달이 뜨고 낮에는 해가 떠요?

달에 토끼가 살고 있는 때로 돌아가기

명훈이가 36개월이 막 넘어서던 어느 날 산책하고 돌아오는 길에 "엄마, 내가 노래 불러 줄게요. 제목은 '우리 엄마'예요. 한다.

우리 엄마는 예뻐요.

우리 엄마는 나를 좋아해요.

나도 그래서 엄마를 좋아해요.

이 가사에 알 수 없는 곡까지 만들어 노래를 불러 준다. "우와! 우리 명훈이 최고다. 엄마 너무 행복하다." 하자 엄마를 행복하게 해 줬다는 뿌듯함에서 나오는 자신감으로 아이의 어깨가 올라가며 입꼬리도 올라간다.

같은 해 깜깜한 밤에 뜬 동그란 보름달을 보면서 "엄마! 왜 밤에는 달이 뜨고 낮에는 해가 떠요?" 하고 묻는다.

"어. 지구는…." 하며 내가 지구의 자전과 공전을 이야기하려던 참에 명훈이가 먼저 큰 소리로 말한다.

"아! 알았다. 알았어."

"뭘?"

"밤에는 올빼미가 나오니까 달이 뜨고, 낮에는 닭이 나오니까 해가 뜨는 거예요."

명훈이는 무언가 대단한 걸 발견했다는 듯 행복해 한다. 그 순간 지구의 자전을 설명하려던 내가 머쓱해졌다. 아직 이럴 때인데….

"우리 명훈이 대단하다." 치켜세우며 겨우 38개월인 명훈이가 이런 생각을 했다는 것에 놀라웠다. 또한 덕분에 나도 달에 토끼가 살고 있다는 이야기를 그대로 믿었던 그때로 돌아갔다.

아이들을 키우면서 일방적이 아니라 함께 무엇인가를 나누고 편안하게 공유하기를 즐긴 것은 36개월이 다가오면서부터였다. 때때로 아이의 입에서 나오는 모든 말이 놀라웠다. 영 · 유아기에 있어 0~36개월이 가장 중요한 이유는 애착 형성과 그에 따른 성격 형성 그리고 인지 활동으로 두뇌 발달에 미치는 영향이 가장 큰 시기이기 때문일 것이다. 그런데 36~48개월은 그것들의 체계를 잡고 좋은 습관을 형성하는 것을 크게 힘들이지 않고 할 수 있는 적기였다. 6~7세가 되면 더 쉬울 것 같지만 실제로는 더 어렵다. 이미 많은 것들이 자연스럽게 자리 잡은 후이기 때문이다.

에디슨의 어머니

부모부터 여유를 가져야 아이가 그렇게 행동하는 이유가 보인다

마을에서 호기심 많고, 질문 많고, 말썽 많기로 유명했던 에디슨의 어린 시절 이야기다. 에디슨이 초등학교에 들어가 선생님께 물었다.

"선생님, 왜 1 더하기 1은 2예요?"

"에디슨, 사과 한 개에 한 개를 더 보태면 두 개가 되잖니?"

"하지만 물 한 방울에 한 방울을 더 보태면 더 큰 물방울 하나가 되는 걸요?"

"멍청이 같으니라고! 너, 선생님을 놀리는 거냐?"

선생님이 이렇게 자신을 나무라자 집에 돌아온 에디슨은 다시 학교에 가고 싶어 하지 않았다. 에디슨의 어머니는 학교로 그 선생님을 찾아갔다.

"선생님, 이 아이는 멍청이가 아닙니다. 다만 궁금한 게 많을 뿐이에요."

"매일 쓸데없는 질문만 하는데요? 그런 태도를 고쳐야 해요."

"아니요, 그렇게 하느니 차라리 집에서 공부하게 하겠어요."

그렇게 해서 에디슨은 석 달 만에 학교를 그만두었고 이후 어머니가 직접 에디슨을 가르치기 시작했다. 그러다 모르는 것이 생기면 어머니와 함께 도서관에 가서 책을 찾아 공부했으며, 집의 지하실에 실험실을 만들어 에디슨이 자유롭게 실험을 할 수 있도록 어머니는 교육을 시켰다.

과연 내가 에디슨의 어머니였다면 이처럼 아이의 성향을 인정하고, 아이의 입장에서 생각하고, 아이를 위해 배려하고, 아이를 사랑으로 지도할 수 있는 어머니가 될 수 있었을지, 상상만으로도 쉽지 않은 일이다.

에디슨에게 이런 어머니가 있었기 때문에 에디슨은 자신이 좋아하는 분야에 대해 깊이 있는 공부를 할 수 있었고, 이를 통해 발전기를 비롯하여 선풍기, 주식 시세 표시기, 전화기, 전구, 축음기 등 1천여 개가 넘는 발명품을 만들어 인류의 문명을 이끌 수 있었지 않았나 싶다. 만약에 에디슨이 이 어머니를 만나지 않았다면 우리가 알고 있는 에디슨의 이야기는 지금과는 좀 달랐을 수도 있다. 또한 어머니의 입장에서 한 번 더 생각해 보면, 에디슨은 참 '키우기 쉽지 않은 아이'였을 것이다.

명도는 유난히 욕심이 많았다. 뭐든 내 것이어야 했고, 하고 싶은 것은 끝까지 포기하지 않고, 뭐든 먼저 해야 했다. 두 아이에게 각각 장난감을 사 주면 명도는 명훈이를 며칠 동안 설득해 명훈이의 장난감을 결국 자기 것으로 만들어 냈다. 또한 모든 생일은 자신의 생일이어야만 했다. 아이의 끝도 없는 욕심을 보면서 어떻게 해야 할지 난감할 때가 한두 번이 아니었다. 아무리 말로 설명해도, 이해를 못 하는 것도 아니면서 받아들이지 못했다. 이 아이의 타고난 기질이었다.

그러던 어느 날 어르신 한 분을 만나 "애가 너무 욕심이 많아서 걱정이에요." 했더니 "그 욕심을 크게 키워 주면 된다." 하셨다. 그 말씀에 큰 깨달음을 얻었다. '그래. 명도는 욕심이 많은 아이야.' 하며 인정하고 나니 명도를 대하는 마음이 편안해졌다.

명도에 비해 명훈이는 엄마인 나에게 상대적으로 편하고 쉬운 아이였다. 둘째다 보니 무조건 예쁘고 사랑스러운 부분도 있었지만, 웬만한 모습은 다 봐 줄 만한 선이었다. 에너지 자체도 명도와 많이 달랐다. 그러나 두 아이를 키우면서 편하다고 무조건 좋은 것도 아니고, 키우기 어렵다고 무조건 나쁜 것도 아니라는 것을 알았다.

아이의 모습을 있는 그대로 봐 주지 못한다면 그 아이가 특별한 능력을 가지고 있어도 그것을 특별하게 봐 줄 수 없게 된다. 아이를 인정하고 그 역량과 능력을 키워 내는 것은 부모의 역량과 능력이다.

또한 그러면서 부모가 성장하는 시간이 되기도 한다. 먼저 부모의 감정을 다스리고 아이를 지켜봐 줄 만한 여유를 갖는 것이 무엇보다 중요하다.

이렇게 여유를 갖는 데 있어 아이의 발달 과정을 이해하고 받아들이는 것도 중요하다. 아이가 태어나 점점 자라서 잡고 서고 걷는 연습을 하면서 수없이 넘어지지만, 이는 당연한 과정이기 때문에 부모는 이러한 단순한 행동들을 보면서도 매우 대견해 하고 큰 감동과 기쁨을 얻는다. 하지만 아이가 조금 더 자라 음식을 흘리고 쏟고 물건을 던지고, 대소변을 가리지 못하는 행동들이 반복되면, 엄마는 육체적으로 많이 지치게 된다. 그러나 이때도 아이는 대소변을 가리고, 음식을 흘리지 않고 스스로 먹고, 음료를 쏟지 않기 위해 연습을 하는 시기이고 당연한 과정이다. '지금은 이럴 때야.' 하며 자연스러운 발달의 과정을 받아들이고 아이를 지켜보는 것이 마음의 여유를 갖는 데 많은 도움을 주었다.

'지금은 미운 다섯 살이야.', '지금은 입이 잠시도 쉬고 싶지 않을 때야.', '들어 줘야 할 때야.', '지금은 짜증이 날 때지. 짜증이 나지.', '옷으로 거리를 청소하고 다닐 때지.' 하며 발달 과정을 이해하고 아이의 입장에서 배려해 주는 것이 여유를 만드는 방법이자 여러 곤란한 상황들 속에서 있는 그대로를 인정하며 편안하게 지낼 수 있는 비결이다.

또한 내 마음에 화가 나고, 짜증이 일어날 때는 일단 모든 것을 멈췄다. 생각도 멈추고 행동도 멈췄다. 아이를 위해서가 아니라 나를 위해서. 그래야 이 화마(?)에서 빠져나올 수 있었다. 멈춰야 비로소 아이들의 이유 있는 행동이 보이고, 나와 아이들이 함께 웃을 수 있는 길이 보였다. 그런데 이처럼 아이를 키우며 화가 치밀어 오르는 상황에서 행동과 생각을 멈춘다는 게 말처럼 쉽지는 않았다.

때로는 화가 불같이 일어나 '멈춰야 한다'는 것 자체도 잊기 일쑤였다. 내가 화가 났다는 것을 먼저 알고 멈출 때라는 것을 확실히 알아야 했다. 그렇게 오늘 하고, 내일 하고, 매일매일 수없이 마음을 챙기며 내공을 쌓아가자, '멈춤'이라는 것이 신호등의 빨간불처럼 보이고 감정을 다스리며 있는 그대로를 볼 수 있는 힘이 생기기 시작했다.

아이를 키우며 부모가 아이를 온전히 사랑하기 위해서는, 첫째로 그 아이의 성향을 인정하고, 둘째로 그 성향에 맞게 아이를 배려하고, 셋째로 사랑하고 믿어야 한다는 것을 깨달았다. 아무리 사랑하려고 해도 그 성향을 알지 못하고, 또 안다 할지라고 인정하지 못하면 그 사랑은 빗나간다. 있는 그대로를 인정하고 배려하고 사랑한다면 그 아이 자체가 부모에게는 은혜이고 축복이다.

아빠 일등

아빠를 맞이하고 인사하기

유아기에 대부분의 아이들이 자기중심적인 사고를 하는 것은 맞지만, 명도는 그중에서도 지나치게 자기중심적인 사고를 가지고 있었다. 모든 것은 내 것이어야 하고 나부터 해야 했다. 그래서 50개월이 넘어서부터 '내가 먼저예요'를 교육해야겠다고 마음먹었다. 그리고 아빠의 권위와 위치를 바로 세워야겠다고 생각했다.

저녁을 먹고 아이스크림을 컵에 담아 남편에게 먼저 주며 내가 말했다.

“우리 집에서는 아빠가 일등이야. 그러니까 무조건 아빠가 먼저야.”

“왜 아빠가 일등이어야 하는데요?”

명도가 소리를 지르고 분을 못 이겨 씩씩거리며 소란을 피운다.

“아빠는 우리 집에서 가장 어른이니까.” 남편은 “그냥 줘.” 한다.

다음으로 명도에게 아이스크림을 컵에 담아 주며 내가 말했다.

“다음은 명도.”

“싫어요. 안 먹어요.”

명도는 그 자리에서 일어나 나가 버린다.

명도는 자신이 먼저가 아니라는 것 자체가 화가 나서 언제나 음식을 먹을 때, 대화를 할 때, 순서를 정하는 모든 일에 울음과 분노로 표현을 했다. ‘아이가 말을 못 알아듣는 것도 아닌데 왜 그럴까?’ 하는 생각도 했지만, 명도는 그냥 그 자체가 용납이 안 되고 자아가 강한 아이라고 인정하고, 그러거나 말거나 동요하지 않고 계속 해 나갔다. 천천히 시간이 필요한 일이었다.

그렇게 8개월간을 지속해 가던 어느 날, 마트에서 초콜릿 우유를 사서 차 안에서 먹기 위해 빨대를 꽂아 들자 명도가 “아빠 일등.”이라고 한다. 그 순간 나는 “사람 됐네.” 하며 남편과 눈을 마주 보며 웃었다. 명도는 이어 “그다음은 엄마, 그리고 나지요. 명훈이가 꼴등.” 하며 기다린다. 사실 별것도 아닌 것처럼 보이지만 명도에게는 이것이 익숙해지는 데 오랜 시간이 걸렸다.

물론 순서가 중요한 것은 아니었지만, 아빠의 권위를 세워 주기 위함이었다. 그와 함께 책을 보든, 밥을 먹든, TV를 보든, 무슨 일을 하든지 아빠가 퇴근하고 돌아오면 꼭 마루에 나가 인사를 시켰다. 인지와 사고력이 생기면서 TV를 한참 재밌게 보고 있거나, 책을 읽고 있을 때 집중력도 좋지만, 아빠는 아이가 좋아하는 그걸 멈추고 반갑게 인사하고 안기고 뽀뽀하는 존재로 있어야 하기 때문이다. 요즘 초등학생들 중에는 컴퓨터 게임을 하거나, 공부를 하는 동안 아빠가 왔을 때 인사도 하지 않고, 아빠가 왔는지 갔는지 모르는 아이들이 많다. 아빠를 비롯하여 다른 사람들을 반기는 인사도 연습이 필요하고 교육이 필요하다.

28개월이 넘으면서부터는 수줍음이 많아져, 명도는 인사를 할 때면 목소리가 기어들어 갔다. 그래서 하루는 "다른 사람들도 부끄럽지만 참고 인사하는 거야. 부끄러워도 참고 인사를 해야 진짜 형아가 되는 거야."라고 말하며, 인사는 해야만 하는 거라고 교육했다.

명훈이는 명도보다 수줍음이 더 많았고 성격도 내성적이었다. 그래서 식당에 갈 때나, 밭에서 일하고 있는 모르는 할머니, 할아버지뿐 아니라 모든 어른들에게 인사를 하는 것을 일부러 큰 소리로 하도록 연습을 시켰다. 그리고 시키지 않아도 인사를 잘했을 때는 칭찬을 아끼지 않았다.

어떻게 보면 매우 작은 일처럼 보이지만 꾸준히 인사하는 법을 교육함으로써 이를 통해 아이들이 좋은 인성과 인격을 갖춘 사람으로 성장하기를 바라며 마음을 챙겨 지도했다.

으, 똥꾸룩네

짜증과 폭력성을 완화하는 바깥 놀이

아침밥을 먹고 나자마자 명도가 나를 부른다.

“엄마, 낙하산 만들고 싶어요.”

“뭐로 만들까? 종이? 아니면 비닐?”

“종이는 금방 찢어지잖아요.”

“그럼, 비닐? 아니면 보자기?”

“보자기 좋아요.”

“그러면 먼저 보자기를 예쁘게 꾸며 볼까?”

“색종이로 꾸며요.”

명도는 색종이를 먼저 이야기했지만, 색종이가 보자기에 잘 붙지 않을 것 같아 내가 “매직으로 그리면 어떨까?” 하자 빨간 매직을 가져온다. 나는 명도가 그림을 그릴 수 있도록 보자기를 잡아 주었다. 그때 명훈이가 “나는 사진을 찍을게.” 하며 우리들의 모습을 사진에 담는다. 명도는 커다란 나무, 강아지, 사람, 해를 그렸고, 나는 보자기 네 귀퉁이에 구멍을 뚫어 끈을 묶고 아이가 어깨에 끼울 수 있도록 해 주었다. 그렇게 만든 낙하산을 가방에 넣고 산책길에 나섰다.

10월 말, 추수가 거의 마무리되어 황금빛 들판이 사라지고 황량한 겨울 들판 풍경에 왠지 쓸쓸함이 묻어났다. 그래도 파랗고 높은 하늘은 저절로 행복을 안겨다 준다.

명훈이가 길가에 핀 분홍색 코스모스 한 송이를 꺾어 와 “Gift for

you!" 하며 내민다. "Thank you."라고 하며 한 손에 받아 들었다(나와 아이들이 사용하는 영어는 책에서 읽었던 내용들을 일상에서 회화로 하는 것이 대부분이다).

그새 아지(강아지 이름)가 나뭇가지에 앉아 파드득거리는 새들을 잡으려고 추수가 끝난 논을 전력 질주하며 내달린다. 명도가 "아지!" 하고 부르자 아지가 놓친 새를 아쉬워하며 고개를 돌려 명도에게로 돌아온다. 돌아온 아지의 목에 줄을 매어 주고 명도의 손에 들렸다. 그렇게 산책로를 300m쯤 걸어 노랗게 물든 은행나무 아래 나뭇잎이 쌓여 있자 명훈이가 달려간다.

"엄마 이거 보세요."

다가가 보니 은행이 떨어져 있다. 은행을 하나 주워 명훈이의 콧구멍에 갖다 대며 말했다.

"명훈아. 냄새 맡아 봐."

"으악!"

놀란 소리와 함께 코를 찡그리며 도망간다. 명도에게도 똑같이 해주었더니 "윽, 똥꾸룩네." 하며 달려간다.

"이거 밟으면 신발에 똥꾸룩네 달고 집까지 간다. 밟지 마. 그리고 이 은행은 먹을 수도 있어."라고 말하자 믿을 수 없다는 표정이다.

얼마 후 명도가 "이거 봐요. 이게 뭐예요? 엄마, 이거 가져가도 돼요?" 한다. 튼실하게 익은 모과들이 두두둑 떨어져 바닥에 나뒹굴고 있었다.

"어. 이건 모과라는 거야. 냄새 한번 맡아 봐. 감기에 좋아."

"음…." 하며 모과 향에 대한 답을 준다.

주위를 잠시 둘러본 후 낙하산을 매고 있는 명도에게 말했다.

"명도야! 이건 하면 안 되는데 오늘은 사람이 없으니까 한번 해볼까?"

근처에 내 키보다 작은 폭 30cm의 담이 있어 그 담 위를 걷는 놀이를 시켜 보려 했다.

"낙하산도 있고."

"좋아요."

명도를 들어 담 위로 올려 주자 조금 무서워한다.

"어, 무서워요. 너무 높아요."

"용기를 내 봐. 엄마가 잡고 있잖아."

겁 많은 명도가 바들바들하며 서더니 한 발 한 발, 발걸음을 내딛는다. 좀 있다가 내가 손을 놓고 한 발 옆에 떨어져 있자 결국 주저앉으며 기어간다.

"일어서서 다시 해 봐. 사나이처럼!" 하자 다시 일어나 한 발 한 발, 처음에는 매우 조심스러워 부들거리던 아이가 양팔을 벌리고 보자기가 펄럭이도록 제법 폼도 내면서 점점 걷는 속도가 빨라졌다. 끝까지 갔다가 다시 돌아와 팔을 벌리고 낙하산을 펼쳐 땅에 착지까지 한다.

"엄마, 나 용감해졌지요?"

"응. 최고, 최고!"

그렇지 않아도 그냥 얌전히 걷는 법이 없었던 아이가 싱싱 날아다닌다. 우물 위를 뚜껑으로 막아 놓은 곳에 올라가서는 "명훈아! 내가 구해 줄게." 하고 낙하산을 펄럭이며 낙하하면서 아지를 물리친다. 졸지에 아지는 악당이 되어 아이들에게 쫓기는 신세가 되었다. 아이들이 아지와 함께 이리저리 왔다 갔다 시끌시끌 뛰어다닌다.

하루에 많게는 3시간, 적게는 30분가량 상황과 장소에 맞게 바깥에서 활동을 했다. 본격적으로 바깥 놀이를 시작한 이유는 명도와 명훈이의 연령이 서로 다르다 보니 실내에서의 놀이가 어려웠다. 아이들이 서로 협동을 할 수 있는 나이는 적어도 만 4세가 되어야만 가능하다.

그래서 아이들의 짜증과 폭력성을 완화하기 위해서 바깥 놀이를 많이 했다. 그러자 공격성이 현저하게 떨어지고 서로 협동하며 놀이를 창의적으로 만들어 가는 모습들과 함께 시간이 흐르면서 생기는 섬세한 관찰력으로 아이들이 자연의 법칙을 알아갔다. 사계절의 특징들, 그리고 돌고 도는 세상의 이치들을 깨달아 갔다. 그리고 무엇보다 바깥 활동은 아이들에게 행복감을 주었다. 그뿐만 아니라 나에게도 이 순간을 느끼고 즐길 수 있는 여유와 재충전의 시간이 되어 주었다.

한국아동권리학회의 조사에 의하면, 어릴 때 충분히 햇빛을 받으며 놀았던 아이들은 학업 성적이 좋을 뿐만 아니라 청소년이 되어서 '자신은 행복하다'라고 느끼는 경우가 많다고 한다. 특히나 야외 활동을 많이 하는 아이들일수록 행복감을 많이 느낀다고 한다.

우리의 궁극적인 삶의 목표는 행복이라 할 수 있다. 조금은 천천히 가는 것처럼 보이지만 이 시기만큼은 아이들이 자연 속에서 많은 것을 느끼고 조급하지 않게 나아갈 수 있는 권리가 있다. 부모가 자녀의 그러한 권리를 지켜 주었을 때, 자녀와 함께 행복을 공유하고 오랫동안 간직할 수 있는 기억들로 두텁게 부모 · 자식의 관계를 만들 수 있다고 믿는다.

전쟁놀이해요

엄마가 자책, 미움, 답답함, 분노, 무력감이 들 때

내 두 팔로 다 안을 수 없는 나무의 나뭇잎이 떨어지기 시작하면서 37개월 된 명훈의 산책은 바스락바스락 낙엽 밟기 재미에 한창이다. 수북이 쌓인 낙엽들을 양손으로 한 움큼 받쳐 들고 아이들 머리 위로 날려주며 "나뭇잎 눈이다!" 하고 외쳤다.

"잡아! 잡아!"

나뭇잎을 잡으려고 애를 쓰는 명훈이가 쉽지가 않은 모양이다. 팔랑팔랑 내려오는 나뭇잎이 명훈이가 잡기도 전에 어느새 바닥으로 뚝 떨어져 버려 "아! 또 실패했어." 하며 시무룩한 목소리다.

"명훈아! 나뭇잎 한 장을 끝까지 지켜보고 있다 잡는 거야. 끝까지

집중해. 할 수 있지?" 반짝이는 눈으로 고개만 끄덕인다.

다시 낙엽을 쓸어 모아 한 움큼 머리 위로 뿌려 주며 "잡아! 잡아!" 했다. 순식간에 내려온 낙엽들을 맞으며 환호성과 함께 낙엽을 잡으려 이리저리 손뼉을 친다. 몇 번을 거듭한 후 "잡았다!" 명훈이가 기뻐 소리친다. 물론 명도는 많이 컸다고 백발백중이다.

그렇게 한참 나뭇잎 눈 놀이를 하다 나뭇잎 던지기 싸움으로 놀이가 전환되었다. 명훈이와 명도가 한편이 되어 나에게 낙엽을 던지고 후다닥 도망간다. "으악." 낙엽을 맞으며 죽는 시늉과 함께 벌떡 일어나 "내 공격을 받아라." 하며 둘에게 낙엽 세례를 해 주었다.

그사이 저 멀리까지 도망가서 낙엽을 퍼 오는 명도에게 "왜 그렇게 멀리까지 가서 가져와? 바로 옆에도 많이 있잖아." 했더니 "엄마가 공격할까 봐서요." 한다.

얼마 후 "엄마! 우리 전쟁놀이해요."라고 명도가 제안한다. "좋아. 나뭇가지는 화살이고, 솔방울은 대포다. 지금부터 화살과 대포를 모

아 오도록!" 하자 각자 나뭇가지와 솔방울을 찾으러 흩어진다. 무기를 모아 돌아온 명훈이가 "나는 엄마 편 할래." 하며 기다란 나뭇가지를 들고 바위 위로 올라온다. 그러자 명도가 "그래. 엄마랑 명훈이는 한 팀이에요." 한다.

명훈이와 나는 바위 위에 먼저 자리를 잡았다. 명도는 약간 비탈진 곳에 푹신하게 쌓여 있는 낙엽 더미 위에 배를 깔고 엎드려 넓적한 나무토막을 들고 방패라며 얼굴을 막는다. 명훈이는 두 갈래로 나뉜 나뭇가지 사이에 솔방울을 끼워 넣고는 "펑, 펑, 펑! 대포다." 하며 쏘는 시늉을 하고, 나는 "내 화살을 받아라!" 하며 나뭇가지를 명도 방패 앞까지 던졌다. 명도는 내 화살이 다 떨어진 틈을 타 방패 주변에 떨어진 화살들을 주워 씩 웃으며 나에게 역습을 한다.

그사이 명훈이가 솔방울 대포를 발사하였다. 그런데 공교롭게도 대포가 명훈이 발등으로 똑 떨어졌다. 그러자 명도가 "엄마! 대포를 자기 발등에 쐈어요." 하며 자지러지게 웃는다. "명훈아! 이러다 우리가 대포에 맞아 죽겠어."라고 하자 이번에는 명도 가까이에 가서 대포를 쏘고 후다닥 도망온다. 마치 비장한 장군들이 대전투 중인 자세다.

우리는 그렇게 신나게 전투를 즐기고 짧아진 해를 아쉬워하며 집으로 돌아왔다. 이날만큼은 나도 다시금 6살이 되어 아이들과 함께 화살을 쏘고 솔방울 대포를 던지며 놀아서인지, 나쁜 에너지들을 다 쏟아 버리고 온 듯한 기분이었다. 잡념과 망상 없이 어릴 적 그때의 맑은 기운으로….

아이들과 함께 있으면서 무엇인가 가르치고 잘 돌봐야 한다는 책임들이 부모의 의도대로 되지 않았을 때 찾아오는 자책, 원망, 미움, 답답함, 분노, 무력감 등을 해소하는 방법은 그냥 부모가 4살, 5살, 6살이 되어 아이들과 함께 노는 것이다. 이것만큼 행복한 방법이 없다. 부모가 아이가 되고 보면 아이의 눈빛, 아이의 손짓, 아이의 목소리가 바로 부모의 눈빛, 부모의 손짓, 부모의 목소리가 된다. 그러면 비로소 아이와 부모가 하나가 된다. 그렇게 아이와 부모가 온전히 하나가 되었을 때 벅찬 행복을 느끼며, 그 순간순간들이 감사함으로 다가온다.

—

"어떻게 키우셨어요?"

"그냥 그때는 어떻게 키웠는지도 모르겠어.
근데 뒤돌아보니까 그때가 가장 좋았어."

지나온 세월을 아쉬워하며 그리워하는 중년의 어머니들에게서
나는 조금 더 빨리 지금의 있는 그대로를 받아들이고
이 과정들을 행복으로 느끼며 즐길 수 있는 지혜를 배웠다

아이를
읽어 주는
이야기

Mother of storytelling

나와라! 번개 전(電)

폭력성은 그냥 넘어가지 않는다

"나와라! 물 수(水)."

명도가 남편에게 '물 마법'을 쓰자 남편이 도망가며 이번엔 명도에게 "엄청난 바람이다. 나와라! 바람 풍(風)." 하며 공격을 한다. 그러자 도망가며 두 손을 모아 명도가 "나와라! 번개 전(電). 찌지직, 찌지직, 찌지직!" 번개를 쏜다. 덩달아 명훈이도 도망가며 온 집안이 정신없이 시끌시끌 요란한 사이, 명도가 "내 번개에 맞았어요." 한다. 남편이 명도가 쏜 번개에 맞아 바닥에 쓰러지자 명도는 좋아서 "엄마, 내가 이겼어요." 하며 달려온다.

시누이가 아이들을 위해 『마법천자문』 18권을 주었는데, 아직 명도가 읽기에는 좀 이른 것 같다는 생각에 아이들 손이 닿지 않는 다른 방 책꽂이에 꽂아 두었다. 그런데 다음 날 아침 명도가 그 방에 쪼그리고 앉아 『마법천자문』을 보고 있는 것이다.

"명도야! 엄마 생각에는 그 책은 좀 더 크면 봐야 할 것 같은데."

"볼 수 있어요."

이미 현란하고 자극적인 그림에 빠져 책 속으로 들어가 버렸다. 그 날부터 3개월간 명도는 그 어떤 책도 보지 않고 오로지 『마법천자문』만 보았다.

자기 전 내가 의도하여 책을 읽어 주는 시간을 제외하고는 『마법천자문』의 세계에 사는 것 같았다. 등장인물처럼 머리에 뿔을 달아 달라고 하고, 망토에 하늘 천(天) 자를 써 달라고 하여 더운 여름날 망토를 두르고 다니고, '태극 철권'을 만들어 달라고 하여 손에 끼고 다니며 마법의 힘이라도 가지고 있는 아이처럼 하고 다녔다. 그리고 책을 어느 정도 읽고 나서는 "여기 보면 '19권에 계속'이라고 쓰여 있는데, 더 있나 봐요." 하며 책을 더 사 달라고 하여 한 권, 한 권 더 사 주게 되었다. 사실 걱정도 되었다. 이 책 아닌 다른 책을 일절 보지 않고, 만화책인 데다 너무 자극적이고 폭력적인 내용이었기 때문이다. 그래도 아이의 시선에 맞춰 주었다. 그러던 어느 날 빨래를 널고 들어오는 나에게 명도가 말한다.

"엄마, 내가 벽에 낙서했어요."

"어디에?"

"화장실 문에다요."

가서 보니 天, 土, 王, 人, 干, 中, 門, 出, 大, 木, 日, 十, 二, 火 등을 써

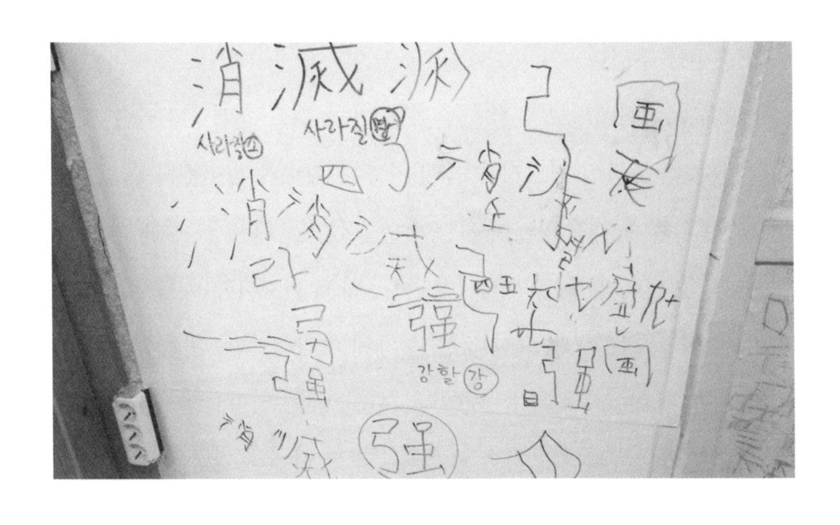

놓았다. 한글로 '정명도' 이름 석 자를 쓸 수 있도록 가르치려고 애를 쓰고 있을 때, 아직도 자기 이름 석 자를 쓰지 못하는 아이가 '한자'를 외워서 안 보고 화장실 문 위에 커다랗게 붙여 놓은 종이 위에 빽빽이 써 놓았다.

"우와! 우리 아들 대단하다. 어떻게 알았어?"

흐뭇한 웃음을 지으며 명도가 신이 나서 말한다.

"입 구(口)에다 이렇게 한 일(一)을 하면 가운데 중(中)이고요. 한 일(一)에 큰 대(大)를 쓰면 하늘 천(天) 자가 돼요."

그런데 명도의 한자 실력이 점점 늘어 가는 것은 눈에 보였지만 한편으로 명훈이를 툭툭 건드리는 행동들을 명도가 자주 하기 시작했다. 명훈이를 툭툭 건드릴 때마다 명도에게 주의를 주고 제재했지만 그런 행동이 쉽게 바뀌지 않고 반복되자, 어느 날 결단을 내렸다. 책을 전부 창고에 넣어 버렸다. 한자도 좋지만, 폭력성은 절대 용납할 수가 없었다. 명도도 이를 수용해서 다행히 큰 충돌 없이 책을 창고에 봉인하고, 아이의 폭력성이 완화될 수 있도록 모든 초점을 거기에 맞춰 교육의 중점을 두었다.

명도가 폭력적이라고 해서 명훈이를 마구 두드려 패거나 하는 것은 아니었지만, 조금씩 건드려서 울게 만드는 횟수가 많아졌다. 그럴 땐 "정명도! 그렇게 하면 명훈이 기분이 어떻겠어?" 혹은 "그렇게 하면 위험하다." 하거나 때로는 "이제 그만해." 하고 단호하게 나지막한 목소리로 말했다. 그리고 중요한 것은 상황에 따라서 즉각 반응하고 아이에게 정확히 이야기해 주는 것이다. 사실 많은 엄마들이 "나중에 너 혼날 줄 알아.", "너 있다가 두고 보자."라고 하면서 지금의 상황을 회

피하지만, 나중에는 엄마도 잊어버리고 결국 아이는 자신이 왜 혼났는지 알지 못한다.

물론 그냥 보고도 못 본 척하고 넘어가 줄 때도 있었다. 명훈이가 거짓으로 울거나, 그냥 단순한 놀이의 과정일 때는 넘어가 줬다. 하지만 단호하게 이야기해야 할 상황에서는 반드시 분명하게 짚어 주고 말해 줬다. 이런 과정이 반복되면서 명훈이를 배려하는 행동을 하거나, 명도가 명훈이를 밀칠 만한 상황이었는데도 잘 참았을 때는 칭찬도 아끼지 않고 해 줬다.

"우리 명도가 이제 진짜 형님이 된 것 같다. 방금 명훈이 때리고 싶었지?"

"네. 엄청 화났어요."

"진짜 잘했어. 명도 완전히 멋졌어."

이러한 칭찬은 다음에 그와 비슷한 상황이 왔을 때 아이가 그 순간을 참을 수 있는 힘을 주었다. 또한 남편이 아이들을 야단칠 때는 아이들이 아빠에게 혼나게 그대로 두었고, 절대 아이들 편을 들지 않았다. 한번은 동생 명훈이가 먼저 형 명도를 때려 남편이 명훈이를 혼냈다. 나는 명훈이에게 아빠가 혼낸 이유를 차근차근 설명해 줬다.

"아빠가 명훈이가 싫어서 그런 게 아니라는 거 알지?"

"네."

"네가 형을 때린 건 무조건 잘못했어."

그리고 명도와 명훈이를 둘 다 앉혀 놓고 이야기했다.

"엄마랑 아빠는 믿어. 너희가 다음에는 잘할 수 있을 거라고."

물론 다음번에 또 그런 일이 없을 거라고 확신하며 말을 한 건 아니다. 그러나 분명한 건 부모의 그 믿음은 아이를 크게 성장시킨다는 사실이다.

그 이듬해 봄, 창고 문이 열려 있는 틈을 타 창고에 쪼그리고 앉아 『마법천자문』 책을 보고 있는 명도를 발견하고, 마침내 책을 꺼내 주었다. 그리고 그 책을 더 이상 보고 싶어 하지 않았을 때 『Why? 한자 이야기』 책도 사 주었다. 그러면서 아이가 한자에 대해 더욱 깊이 이해하게 되고 한자 공부를 즐기게 되었다.

벽면에 화이트보드 필름을 붙여 아이가 언제나 쓸 수 있는 환경을 만들어 줬다. 물론 글자를 쓰는 순서가 제대로 맞거나 하지는 않았다. 글자를 '그리는' 수준이었다. 그러나 많이 그리다 보니 어느 날은 썼다는 생각이 들 정도로 잘 그리기 시작했다.

"엄마! 해독 마법을 써야겠어요. 해독 써 주세요."

명도는 한자를 쓸 줄 알아야만 마법을 사용할 수 있다고 여겼다. 그리고 덩달아 명훈이도 한자를 좋아하고 쓰기를 시작했다.

"엄마, 이렇게 하면 힘 력(力)이지요?"

"어떻게 알았어? 잘 그리네."

명훈이도 어깨를 으쓱하며 이 정도쯤은 자신도 충분히 할 수 있다고 말하는 얼굴이다.

아이들에게 한자 시험을 보게 하면 어떨까 하는 생각도 했지만 결국 시험을 본다는 것은 한자를 얼마나 잘 알고 있는가를 검증하는 일인데, 아이들이 한자 시험을 본다고 한들 한자 급수 7~8급이 최고 수준이었다. 괜히 좋아서 즐기고 있는 아이들을 시험이라는 틀에 가두고 스트레스를 받게 하는 게 아닐까 하는 생각이 들었다. 벌써부터 그럴 필요는 없었다.

나도 이때가 있었는데···

아이와 함께 있는 시간이 행복하지 않다면

아이들을 데리고 친정에 와서 아주 오랜만에 목욕탕에 갔다. 사실 아들 둘을 데리고 목욕탕에 간다는 것이 생각만큼 쉽지 않은 일이다. 내가 탕 속에 들어가 앉자 50대 중반으로 보이는 한 아주머니가 묻는다.

"실례지만, 몇 살이에요?"

"36살이요."

"아유! 나도 이때가 있었는데 좋은 줄 모르고 그때는 그렇게 지냈어. 참 좋을 때다."

그러자 옆에 있는 아주머니도 거든다.

"그러게. 애들도 이때가 가장 예쁠 땐데, 나는 애들 예쁜 줄 모르고 그렇게 우리 딸 때리며 키웠어. 그래서 그게 가장 마음이 아프고 항상 미안해."

아주머니는 그때를 생각해서인지 얼굴이 상기되어 이야기를 이어간다.

"내가 우리 시어머니를 모시고 살았는데 내가 일을 하니까 낮에 어머니가 애를 봐 주셨거든. 근데 낮에 실컷 재우니, 아이가 밤에 자야 말이지. 그래서 엄청 궁둥이를 때렸네. 시어머니 시집살이 화풀이로도 때리고…."

그러자 그 옆에 있던 아주머니도 "그러게. 그때는 왜 그렇게 몰랐는가…." 하며 지나간 시간을 아쉬워한다.

자식을 다 키워 출가시킨 어른들께 "어떻게 키우셨어요?"라고 물어보면 "그냥 그때는 어떻게 키웠는지도 모르겠어. 근데 뒤돌아보니까 그때가 가장 좋았어." 하시며 그때의 행복감을 모르고 세월을 보낸 걸 아쉬워하며 그때를 그리워한다.

옛날 어른들께서 '3세 안에 효를 다한다'는 말의 뜻을 내가 아이를 키우면서 알게 되었다. 종종 사람들이 "남자아이 둘이라 키우기 힘들겠어요?"라고 나에게 묻는다.

내가 여자아이 둘을 둔 엄마에게 "여자아이 둘이라 수월하시겠어

요?"라고 물으면 "아니에요."라고 손사래를 친다. 각각의 성향과 기질이 다를 뿐 아이를 키우는 일은 어느 누구에게나 결코 쉬운 일이 아니다.

아이가 없다면 모를까 아이가 있는 가정이라면 이 순간순간을 즐기고 다시없는 행복으로 느끼며 생활의 일부로 여겨야만 한다. 행복을 찾을 수 없다면 매일매일 행복을 찾는 연습이라도 해서 행복을 찾아내야 한다. 그런데 그 과정을 귀찮고 힘든 시간으로만 여기고, 아이가 빨리 커 버리기만 바라며 그 시간을 보낸다면 지금의 나 또한 없다.

지금 내가 행복하지 않은데 앞으로 애들을 키우고 나면 저절로 행복이 올까? 그건 아닐 것이다. 지금 이 상황과 여건에서 행복을 만들고 찾아야 한다. 그리고 이 시기에만 알 수 있고, 느낄 수 있는 행복을 느껴야 한다. 이 시간은 다시 돌아오지 않는다.

다행인 것은 지나온 세월을 아쉬워하며 그리워하는 중년의 어머니들에게서 나는 조금 더 빨리 지금의 있는 그대로를 받아들이고 이 과정들을 행복으로 느끼며 즐길 수 있는 지혜를 배웠다. 아이들을 키우면서 고통스러울 만큼 힘들었던 적도 있었고, '어떻게 이렇게 행복할 수 있을까?' 싶을 정도로 온몸으로 웃고 미소가 가시지 않을 때도 있었다. 두 아이였기에 힘들기도 했지만, 두 아이였기에 더 많이 웃고 행복하기도 했다. 그래서 두 아이 덕분에 생각이 아닌 마음으로 새로운 세상을 알게 되었다.

세상에 안 보이는 비

감성은 일부러 죽이지 않고 들어 준다

명훈이가 여섯 살이 되어 병설 유치원을 알아보려고 하자 명훈이가 말한다.

"형아도 유치원에 안 다니고 학교에 갔는데 왜 내가 유치원에 가야 해요? 정말로 싫어요. 나는 유치원 안 가고 학교에 가고 싶어요."

명훈이는 형을 따라 학교에는 가고 싶지만 유치원은 절대 가지 않겠다고 했다. 완강한 반대로 명훈이와 단둘의 시간을 보내게 되었다.

그런데 명훈이를 데리고 있으면서 나는 깜짝 놀랐다. 당연히 명훈이가 알 것이라고 생각했던 것들을 실제로는 하나도 모르고 있었던 것이었다. 명도에게 많은 것을 맞추다 보니 어쩌면 당연한 일이었는지도 모

른다. 이렇게 단둘이 함께 있는 게, 오히려 잘됐다는 생각이 들었다.

명훈이가 아침에 눈을 떠 "엄마! 형아 오늘 학교 가요?"라고 묻는다. "오늘은 월요일이니까 학교 가지." 하자 어깨를 으쓱하며 좋아한다. 형이 없어서 심심하기도 했지만 나와 단둘이 있으면서 형의 책과 물건들을 마음대로 만질 수 있었기 때문에 명훈이는 이 시간을 은근히 기다리기도 했다.

비가 오는 아침, 명도를 학교에 보내고 마루 위 그물 침대에 앉아 비 내리는 풍경을 바라보고 있던 명훈이에게 이야기했다.

"명훈아! 빗소리 아주 좋다."

"어. 좋아요. 후두둑, 후두둑거려. 비가 안 보이지요."

"지금 이 비를 보면서 느끼고 생각되는 것을 말로 해 보자. 할 수 있겠어? 시를 지어 보는 거야. 형아처럼."

"할 수 있겠어요."

스마트폰의 녹음기를 눌러 놓고 떨어지는 비를 바라보며 명훈이가 입을 떼는 순간을 기다렸다.

세상에서 안 보이는 비

정명훈

비가 안 보이지요

비가 안 보이지만 후두둑거리면서

손가락질하고 있는 것 같다

땅이 촉촉하면서

선인장도 좋아하면서

고양이도 좋아한다

저 위에 뭐가 있을까

집이 있다

비의 세상

비가 이 땅에 내린다

지진이 나도 비가 온다

비가 후두둑거리면 비가 안 보인다

빠른 속도로 떨어지는 빗방울이 눈에 보이지 않고 후두둑 떨어지는 소리만 들렸는지 보이지 않는다고 표현을 하며 자기가 좋아하는 고양이도 잊지 않고 시 속에 넣어 주었다. 처음 다섯 살 때 명훈이가 시를 짓겠다고 말을 했을 때는 명도의 시를 따라 하거나 비슷하게 모방을 하였다. 그럼 명도는 "너! '무단 복제' 하지 마라." 하며 소리를 높였고 명훈이는 살짝 단어를 바꿔 "이 부분은 다르잖아." 하며 모방을 하더니, 나와 함께 단둘이서 3개월가량 놀기 시작하며 자기만의 색깔을 내기 시작했다.

물론 나와의 놀이가 특별할 것도 없었다. 산책 가고, 가재 잡고, 책 보고, 곤충 잡고, 인라인 타고, 그림 그리고, 오리고 붙이며, 그냥 명훈이가 하자고 하는 대로 따라 주며, 이야기를 들어 주고, 맞장구를 쳐 주며, 명훈이의 감성에 상처를 주지 않는 하루하루가 아이를 성장하게 하였다.

하루 중 아이와 내가 상호작용하는 시간은 바깥 놀이를 제외하고는 짧으면 30분, 길면 1시간 30분 정도에 불과했다. 나머지는 명훈이 스스로 놀이를 만들거나 책을 보았다.

낮잠을 자서 밤에 잠이 오지 않았는지, 모두가 잠든 깊은 밤, 책을 보고 있던 명훈이가 갑자기 밤에 대한 시를 짓겠다며 나에게 받아 적으라고 한다.

밤

정명훈

칠흑 같은 밤
둥근 달이 뜨면서

반딧불이는
마치 하늘을 나는 별 같고

반딧불이는 가고
사람은 방에서 자고

반딧불이는 이슬을 먹고 살면서

칠흑 같은 밤에
반딧불이는 퐁퐁퐁
밤의 눈 같다

밤은 지나서 아침이 된다

하루 전 반딧불이를 보고 집에 돌아온 명훈이가 생각한 밤의 풍경이 그려진다. 여섯 살 명훈이의 시는 어쩌면 시의 형태를 제대로 갖추고 있다기보다는 그냥 여섯 살의 눈으로 여섯 살만이 할 수 있는 이야기를 한 것이다.

벌써 100단위 수를 해요?

수의 의미와 덧셈과 뺄셈

영광읍에 온 김에 치킨을 먹고 집에 들어가기로 했다. 우리 집은 영광읍에서 차로 15분 거리지만 치킨 배달이 안 돼 가끔 외식을 치킨으로 할 때가 있다. 주문한 치킨이 나오기를 기다리며 테이블에 앉아 "샐러드, 방울토마토, 치커리, 양상추…" 하며 벽에 붙어 있는 포스터를 명도가 읽자 "아이고, 글씨도 잘 읽네." 하며 아주머니가 말한다.

꿀이 발라진 달콤한 치킨을 먹고 있는데 초등학생으로 보이는 한 여자아이가 어린이집 가방을 메고 들어오자 치킨 가게 아주머니는 "손 씻고 와서 숙제해." 한다. 아주머니의 딸인가 보다 생각했다.

아이는 화장실 옆 테이블에 앉아 공책을 펼쳐 뭔가를 열심히 하고 있었다. "애가 몇 살이에요?"라고 묻자 "7살이요." 한다. 6살 명도보다 머리 하나가 더 있을 정도로 키가 컸다.

"애가 커요."

"1월생이에요. 아직 한글을 못 떼서 지금 하고 있어요."

화장실을 가기 위해 일어서면서 650 다음 빈칸 2개와 그다음 680이 쓰여 있는 여자아이의 수학 공책을 보고 깜짝 놀랐다.

"아니 벌써 이렇게 100단위 수를 해요?"

"여기 어린이집에서는 이렇게 시키더라고요."

"아이가 잘해요?"

"그냥 해요."

그 모습을 보고 '아니 7살에 벌써 저렇게 해야 해?' 하는 마음이 들었다. 명도는 52개월이지만 6살이다. 아직 이름도 못 쓸뿐더러 숫자 20까지도 정확히 세지 못한다. 물론 10까지만 가르쳤고 그 이상은 가르칠 생각을 하지 못했다. 집으로 돌아오는 차 안에서 '당장 이름이라도 가르쳐야 하나?'라는 생각과 '수학을 본격적으로 가르쳐 줘야 하나?'라는 마음이 들기도 했다. 그러나 명도는 소근육이 발달한 아이가 아니었다. 그림 그리기는 좋아했지만, 글씨 쓰기는 더 섬세한 일이라 아이가 처음 배울 때 얼마나 손과 팔이 아프고 고된 일인지 잘 알기 때문에 조금 더 기다리기로 했다.

이후에 쓰기를 시작한 건 그해 늦가을부터였다. 『썼다 지웠다』 책을 사서 연습을 시켰다. 그리고 수학을 어떻게 가르칠지 고민하다 수학 동화책을 사서 수에 대한 아이의 호기심을 자극하는 것으로부터 시작했다.

그해 겨울은 이면지에 숫자 1부터 10까지를 써서 오린 후 순서대로 숫자 카드를 놓아 보거나, 이것이 자유로워지자 1에서 20까지 순서대로 숫자 카드를 놓아 보는 놀이와 수학 동화 안에 들어 있는 주사위를 던져 1부터 50까지 주사위의 수만큼 칸을 움직이고 50까지 먼저 가는 사람이 이기는 게임을 비롯하여, 자를 이용하여 여러 물건들의 길이를 재어 보고, 책에 나온 것을 직접 해 보는 시간을 가졌다. 그래서 이듬해 봄에는 기수, 서수로 100까지 수를 세고 시계를 볼 수 있게 되었다.

시계를 가르칠 때는 시간, 즉 한 시, 두 시, 세 시, 네 시, …, 열두 시를 먼저 가르친 후 그것이 아이 입에서 자연스러워질 때까지 두 달 이상 가르쳤다. 그렇지 않으면 '11시'를 '십일 시', '12시'를 '십이 시'와 같이 기수로 시간을 읽었다. 또한 시간에 있어서는 아이들에게 1분 단위로 가르치기보다 5분 단위로 가르치는 것이 효율적이므로 분을 가르치기 위해서 먼저 1에서 60까지의 수를 세고 5씩 커지는 의미를 이해시켜야 했다. 그래서 차를 타고 다닐 때 1에서 100까지의 수 세기를 많이 하였고 연산을 할 때는 덧셈부터 하였다.

"사탕을 명도가 3개 가지고 있었는데 아빠가 2개를 더 주셨어. 그럼 모두 몇 개를 가지고 있는 거야?" 이처럼 5를 넘지 않는 수로 시작하여 10까지, 15까지로 확장하였고, 5씩 커지는 놀이를 스토리텔링(story-telling)으로 많이 하였다.

“명훈이가 타란툴라를 5마리 가지고 있었는데 할머니가 5마리를 선물해 주셨어. 그럼 모두 몇 마리를 명훈이가 갖는 거야?”

“10마리요.”

아이는 정말 타란툴라를 가진 것처럼 좋아한다.

“그런데 할아버지가 5마리를 더 주신 거야.”

“그럼 10마리에서 5마리니까. 15마리요.”

‘이렇게 덧셈을 하는구나.’ 싶은 마음이 들면서 뺄셈도 함께 가르쳐 주었다. 또한 커피콩을 10개씩 묶어 10개를 만들어 100개의 의미를 알게 하는 놀이도 많이 하였다.

주의할 점은 몇 번 하고 나서 ‘어떻게 아직도 못 하지?’ 하며 조급하게 생각하지 말아야 한다는 것이다. 명도에게 맨 처음 수를 가르칠 때 내가 실수한 게 있다면 바로 이것이다. 예를 들어, 수를 20까지 세는데 20번 정도 반복하고 나서도 아이가 수를 잘 세지 못하자 ‘이 아이가 어딘가 모자란 게 아닌가?'라고 생각했던 것이다.

그런데 20번이 아니라 두 달 혹은 석 달이 필요한 일이었다. 길고 넉넉하게 아이에게 시간을 주어야 한다. 절대 조급하게 생각하지 말아야 하며, "이것도 못해?"라고 하면서 아이를 비난해서는 안 된다.

어린이집에 다니는 7살 혜찬이를 둔 워킹맘의 이야기다.

"도대체 애가 혼자 할 수 있는 문제를 숙제로 내야지. 어른이 없으면 혼자 할 수가 없어. 집에 오면 숙제 때문에 스트레스야."

수 연산의 선행 학습을 초등학교 1학년을 넘어서는 수준의 문제들로 하다 보니 주변에서 많이 터져 나오는 엄마들의 불만이다. 물론 수리학 부문에 두각을 나타내는 아이들도 있다. 그런 아이들은 그 나름대로 재능을 키워 줘야 하지만 명도의 경우는 지극히 평범한 수준이어서 초등학교에 입학할 때까지 20이 넘지 않는 덧셈과 뺄셈만을 연산하였고 그 이상은 시키지 않았다.

명훈이에게는 36개월이 넘어 1에서 10까지의 수의 생김새만 가르치는 데 한 달 정도를 할애했다. 물론 눈사람 모양 8, 오리 모양 2, 지팡이 모양 1 정도는 알고 있었다. 그리고 수를 자유롭게 읽을 수 있도록 숫자 퍼즐 맞추기, 자동차 번호판 읽기, 아빠에게 전화 걸기 등의 놀이로 1부터 10까지 의미를 확실히 익힐 수 있는 놀이 위주로 주 4회 5개월 이상 교육했다.

한편 명도에게 수를 잘 익힐 수 있는 환경을 만들어 주고자 수학 동화를 제공해 줬던 것이 명훈이로 하여금 자연스럽게 수를 좋아하게 만들어 줬다. 그러면서 5살이 되어 수를 50까지 세는 것은 문제가 없었고 69 다음 70, 89 다음 90이라는 것을 이야기해 주면 100까지 세면서, 자연스럽게 60까지의 수를 쓸 수 있게 되었다.

숫자 쓰기는 벽에다 화이트보드 필름지를 붙여 주어 아이들이 언제든지 쓸 수 있게 되면서, 명훈이는 심심하면 수를 보고 그리기 시작했다. 명도가 사용했던 『썼다 지웠다』 책으로 연습을 하고 싶어 했고 그 후 벽에다 쓰기 시작했다.

"우와! 잘 썼다." 칭찬을 해 주자 숫자 2를 쓰고는 "엄마! 봐요!" 하며 의지를 보일 때 엄지를 치켜 세워 주며 동기 부여를 해 주었다. 수시로 6을 연습하고 4를 연습하며 마지막으로 8을 완성했다. 그리고 수를 1에서 100까지 스케치북에 써서 같이 읽어 보거나 10씩 커지게 읽어 보는 활동도 많이 하였다.

또한 아이가 수를 센다고 물건의 수를 정확히 일대일 대응하며 셀 수 있는 것은 아니다. 그런데 명훈이는 일대일 대응을 하여 셀 수가 있었다. 그러면서 환경이 주는 영향이 아이들에게 얼마나 중요한지 다시 한 번 깊이 느끼게 되었다.

마음의 엄마는 누구예요?

아이에게 많은 것을 배우고 받는다

"이 펜션에서 더 자고 가요. 예?"

복층 구조로 되어 있는 펜션에는 계단으로 올라가는 다락 같은 공간에 침대가 놓여 있었는데, 아이들에게 이 새로운 공간이 놀이터만큼이나 재미있었나 보다. 어젯밤 야경을 보기 위해 해양 케이블카를 타고 돌아오는 길, 차 안에서부터 조르다 잠이 든 명도가 오늘 집으로 돌아가는 것이 아쉬운 듯 아침에 눈을 뜨자마자 또다시 조르기 시작한다. 밥을 먹으면서도 계속 짜증을 부리고 있는 아들에게 남편이 말한다.

"명도야! 그 짜증 나고 화나는 마음을 멈춰 봐. 그 마음을 돌려 봐."

"어떻게 멈춰요?"

"명도 마음이 원래부터 짜증이 나고 화가 났어?"

"아니요."

"명도야! 이 세계를 다 가지고 싶다고 했지?"

"네. 세계를 다 갖고 싶어요. 태양도 갖고 싶고, 화성도, 목성도, 우주도 갖고 싶어요."

"마음을 마음대로 할 수 있으면 세계를 가질 수 있을뿐더러 세계에서 최고로 강한 사람이 될 수 있어."

명도는 알아들었다는 듯한 얼굴이지만 그래도 짜증이 나 마음이 편하지는 않다. 그런 와중에 아이의 관심이 다른 곳에 옮겨져 계단을 오르내리며 노느라 정신이 없다. 한참 후 명도가 의외의 질문을 한다.

"우리는 모두가 엄마가 있어야 태어나잖아요. 그럼 마음의 엄마는 누구예요?"

"네 마음의 주인은 너기 때문에 너 자신이 마음의 엄마지."

명도의 질문에 대답을 하면서 '아이가 어떻게 이렇게 깊이 있게 생각을 했지?' 싶기도 하며 그 물음에 잠시 나 자신을 돌아보게 되었다. 또한 남편과 나의 말들을 아이들이 그냥 흘려듣는 것이 아니었구나 하는 생각이 들었다. 아이들을 키우면서 내가 아이를 일방적으로 돌본다고 생각했지만, 뒤돌아보면 아이에게 받은 게 너무나 많다. 아이가 아이의 마음을 마음대로 하지 못할 때처럼 나는 내 마음을 내 마음대로 할 수 있는 힘이 얼마나 있는지 돌아본다. 아울러 이 마음을 낳은 사람은 나인데 나의 마음은 지금 어디쯤 왔는지, 얼마만큼 컸는지, 어디만큼 갈 건지, 이 마음을 얼마나 사랑하고 있는지 돌아본다.

마음

정명도(7세)

마음 한 가득은
마치 바다처럼 큰마음
마음 한 조각도
바다처럼 큰마음
어떤 마음이든
들판처럼 초원처럼 넓은 마음

그 마음
거기서 생명의 꽃이 자라는구나

나도 이제 개구리 만질 수 있어요!

여유롭게 기다려 주어야 하는 존재

"명훈아! 개구리 만져 봐."

'함평 양서류 파충류 공원' 개구리 잡는 체험관 옆 어항에 서서 명훈이가 몸서리를 치며 손을 내젓는다. 그사이 벌써 개구리를 잡아 든 명도가 "잡았다!" 하며 소리친다.

그 옆을 보니 사람들이 줄을 서서 노랑 비단뱀을 목에 걸고 있는 것이 보인다. "저기 봐. 뱀이야, 뱀. 빨리." 하며 남편과 아이들을 불렀다. 커다란 비단뱀을 목에 걸어 보려고 사람들이 모여 있는 틈에 명훈이는 꽁꽁 얼어붙어 겁에 질려 있었고, 명도는 흥분한 얼굴에 좋아서 입이 귀에 걸려 있다. 나도 명훈이처럼 저절로 몸서리가 쳐졌다. 잠시 후 명도와 명훈이가 만져 볼 차례가 되었다.

"자, 의자에 앉으세요." 조련사의 설명과 함께 명훈이는 뻣뻣이 굳은 나무토막처럼 무표정한 얼굴에 겁을 먹었고 명도는 좋아서 행복해하는 얼굴이다. "명도야! 명훈아! 여기 봐." 하며 남편이 사진을 찍는다. 사진을 다 찍은 후 "이 비단뱀이 너무 무거워요." 하며 명도가 먼저 일어선다. 명훈이와 남편이 나오며, 남편은 나에게도 "만져 봐. 느낌이 깨끗하고 좋아. 부드럽고." 했지만 나는 "싫어." 하며 자리를 얼른 피했다.

그사이 벌써 푸른혀도마뱀을 만져 보고 있는 명도와 그저 쳐다보고 있는 명훈이. 그리고 명도는 이구아나를 거쳐 개구리를 잡는 곳에 가서 개구리 잡이를 한창 즐기고 있는데, 명훈이는 옆에서 지켜만 보고

있다. 그런데 명도가 개구리를 잡아서 명훈이에게 다가와 “명훈아! 잡아 봐.” 하며 내민다. 주춤하던 명훈이가 개구리 등을 만지려 하자 개구리가 폴짝 뛰어내린다. 명훈이도 조금 용기가 났는지 어항 가까이에 가서 개구리를 지켜본다. 잠시 후 명도가 개구리를 잡아 또다시 명훈이에게 내민다. “명훈아! 이건 작은 개구리야. 만져 봐.” 명도가 형 노릇을 잘해 준다. 아이들과 남편이 노는 것을 보고 나는 한쪽 구석에 놓여 있는 의자에 앉았다. 잠시 후 한 부부가 다가와 의자에 앉더니 “여보! 이제 가지.” 하며 남편이 아내를 재촉한다. 그러자 아내는 “애들 좀 더 보게 조금만.”이라고 대답한다. 한참 동안 무료하게 앉아 있던 애 아빠가 여기저기를 들락날락하다가 다시 “여보, 이제 가자.” 하며 아내를 또 재촉한다. 결국 그 가족은 얼마 후 그 자리를 떠났다.

약 20분쯤 지났을 때 “나도 이제 개구리 만질 수 있어요!” 하며 명훈이가 좋아 소리를 지른다. 가까이 다가가 어항 속에 손을 뻗어 개구리를 잡으려고 하는 명훈이의 모습을 보며, 나도 처음에는 몸서리쳐졌던 이 공간이 서서히 마음에 담담하게 들어왔다. 그 공간에서 40분이 지나자 명훈이가 푸른혀도마뱀을 어깨 위에 올려놓고 사진을 찍고, 이구아나를 만지며 장난을 칠 수 있게 되었다.

여유롭게 기다림으로 아이들은 새로운 세계를 탐구하고 관찰하며 알아 가는 시간을 얻는다.

계획을 세울 때 박물관이나, 식물원, 수족관, 전시관 등 실내에서의 활동을 하는 공간은 보통 날씨가 추워 실외 활동이 어려운 겨울에 많이 이용하였다.

기관(유치원, 어린이집)에서 계획을 세울 때는 연간 계획안과 월간 계획안, 주간 계획안 그리고 일일 계획안을 세운다. 일 년 동안 무엇을 교육 목표로 삼을 것인지 계획을 세우고, 그 목표를 위해 한 달 동안 해야 할 교육 내용을 정한 후 일주일 동안 구체적으로 하고자 하는 교육 활동과 그날그날 해야 할 일과를 짠다. 이처럼 홈스쿨링을 할 때도 계절과 연령에 따라 아이에게 필요한 놀이의 계획을 세우고 홈스쿨링의 장점을 부각시켜 지금 아이의 관심과 상태에 따라 하루 일과를 만들어 가는 데 중점을 두는 것이 중요하다.

지금 아이가 원하는 놀이를 최대한 살리고 이끌어 부모가 하고자 하는 교육의 방향을 놀이로 만들어 가는 것이다. 혹은 아이가 놀이를 충분히, 또는 깊이 있게 할 수 있도록 도와주는 조력자의 역할을 하는 것만으로도 아이는 크게 성장할 수 있다. 무엇보다 중요한 것은 아이에게 어떤 교육을 해 줄 것인지 엄마가 분명한 방향을 잡고 나가는 것이다.

이 시기에 독서 교육이 좋다더라 하는 이야기를 듣고 첫 돌도 지나지 않은 아이를 공공 도서관에 데리고 가서 울고 보채는 아이에게 억지로 책을 읽어 주며 이유식과 우유를 주느라 진땀을 빼고 있는 엄마를 본 적이 있다. 자신의 아이만 보느라 다른 사람을 배려하지 않는 행동을 하는 그 엄마를 보며 참으로 안타까웠다.

아이의 기분과 시기, 장소를 전혀 고려하지 않고 오직 책 읽는 것이 좋다 하여 독서만 하게 하는 것도 어리석은 일이고, 아이들은 놀아야 한다더라 하여 바깥 놀이만 하는 것도 옳지 않다. 자연에서의 놀이가 중요하다고 하여 숲에서만 노는 것도 맞지 않으며, 학습을 위해 학습지만을 강요하는 것은 더더욱 조심해야 한다. 지적, 정서적, 감성적으로 균형 잡힌 발달을 이룰 수 있게 부모가 중도(中道)를 잡아가는 것이 가장 중요하다.

블랙홀이에요

다독만큼 중요한 책 반복 읽기

전지 종이가 다 떨어져 스케치북 4장을 찢어 테이프로 붙여 주었다. "태양 바로 옆에 있는 행성은 뭐지?"라고 묻자 명도가 "수성이요." 하며 태양 옆에 수성을 그린다.

"It's Mercury."

이미 수성, 금성, 지구, 화성, 목성, 토성, 천왕성, 해왕성, 이러한

태양계의 행성들의 특징들을 아이들이 잘 알고 있었지만 직접 그려 보기를 한 건 처음이다. 또한 오늘은 영어로 행성들의 이름을 알려 주고 싶었다.

"엄마! 수성, 이렇게 쓰지요?"

"우와! 잘 쓴다. 맞아. 다음은?"

"금성이요." 하며 색연필로 그리고 색칠 후 한글로도 적는다. 오늘은 행성 이름들을 쓴 것으로 한글 쓰기 놀이도 마칠 생각이다.

"It's Venus."

지구, 화성, 토성까지 그리고는 종이가 부족하여 스케치북 4장을 더 찢어 붙여 주고 목성까지 그리고 나더니 "엄마! 이건 블랙홀이에요." 하며 검은색으로 회오리바람처럼 휘몰아치는 모양을 그려 놓았다. 그리고 "모든 것을 다 빨아들여요. 하나만 있는 게 아니라 옆에도 있어요." 한다. 다른 방에서 태양을 그리고 있던 명훈이도 이게 뭔가 싶어 와서 쳐다본다.

해왕성까지 다 그리고 난 명도의 태양계 행성들을 바닥에 놓고 종이 비행기를 접어 우주선을 만들었다. 그러자 멋진 태양계 놀이판이 되었다. 둘 다 태양계 놀이판에서 약간 떨어져 세워 두고는 내가 외쳤다.

"자! Saturn, 토성으로 우주선을 보내는 거예요. Saturn으로 우주선이 들어가면 성공하는 겁니다."

아이들이 우주선(종이비행기)을 날린다. '슝' 하고 던진 명도의 우주선이 토성의 고리에 간신이 걸렸다.

"명도는 아슬아슬하게 Saturn에 들어갔습니다. 성공!"

오늘은 영어로 행성의 이름을 알려 주기 위해서 행성을 말할 때마다 영어를 의도적으로 사용했다. 아이들이 영어와 친숙해지기 위함이다.

명훈이가 던진 우주선은 블랙홀에 걸린다.

"엄마! 명훈이는 블랙홀에 빠졌어요. 어어, 우주선이 빨려 들어가요."

명도가 블랙홀로 빨려들어 가는 시늉을 한다. 그리고 블랙홀에서 간신히 우주선을 구해 온다. 나는 또다시 외쳤다.

"이번에는 우리가 살고 있는…."

"Earth!"

명도가 소리를 지른다.

"과연 Earth에 무사히 갈 수 있을까요?"

내 말이 끝나기 무섭게 두 아이 모두 우주선을 던진다.

"명훈이 우주선은 Mercury에 도착했어요. 뜨거워서 타 죽거나 추워서 얼어 죽겠어요."

명도가 소리친다.

이렇게 나와의 놀이가 끝나고도 한참 동안 명도와 명훈이는 블랙홀에 빠지고 도와주고 구해 주는 놀이를 하였다.

태양계 놀이를 하면서 영어로 행성을 가르쳐 주고 나서, 한 달 후 『그리스 · 로마 신화』 만화책에 빠져 날이면 날마다 그 책을 본 명도가 "머큐리는 헤르메스고요, 비너스는 아프로디테예요. 그리고 마스는 아레스신이고요. 목성 주피터는 제우스신이었어요. 새턴은 크로노스고요. 넵툰은 포세이돈이에요."라고 이야기한다.

"헤르메스는 무슨 신이야?"라고 묻자 "땅과 지하 세계 신이면서 죽은 혼령들을 지하로 안내하는 신이요." 한다. "우와! 우리 아들 잘 아네."라고 칭찬을 해 주자. '그 정도쯤!'은 하는 얼굴이다.

명도에게 처음으로 태양계 책을 사 준 건 28개월이 넘으면서부터였다. 의도적으로 컬러가 있고 사진이 있는 책을 전집이 아닌 단행본으로 사주면서 그냥 그림이라도 보라고 구입했다. 너무 많이 봐서 2년 후에는 찢어지고 없어진 책장이 많았고, 그 후 어린이 백과와 『Why?』 책, 또 다른 학습 만화책이 생겼다.

태양계 행성에 많은 관심을 갖게 되면서 「그래비티」, 「인터스텔라」, 「마션」 같은 영화도 아이들과 함께 보고 아이의 생각을 듣고, 이해하지 못한 부분은 다시 이야기해 주거나 추측도 해 보면서 함께 즐겼다. 그러면서 아이와의 공감대가 더 커졌고 나눌 이야기가 많아지고 넓어졌다. 지식이나 정보를 가르칠 때는 먼저 아이가 그 단어들을 친숙해 할 수 있도록 자주 사용해 주는 것이 중요하다. 많이 들어 봐야지 입으로도 나올 수 있다.

7살이 되면서부터는 차를 타고 할머니 집에 갈 때나 한 시간 이상 드라이브를 해야 하는 시간에는 간식을 사러 마트에 가는 것처럼 서점에 들러 책을 구입해서 차를 타고 가는 동안 볼 수 있게 하였다. 새로운 책이다 보니 아이가 흥미로워 하며 금방 책에 빠졌고, 주로 학습 만화나, 가볍게 즐길 수 있는 것으로 구입했다. 그렇지 않으면 10분도 되지 않아서 "다 왔어요?", "언제 도착해요?" 하면서 지루해 하거나 둘이 함께 장난을 치느라 정신이 없었다. 새 책을 사 가지고 차를 타면 남편과 나는 우리 둘만 차에 있는 것으로 착각할 정도로 조용한 시간을 보낼 수 있었다.

만화책이라고 해서 무조건 나쁜 것도 아니다. 6살 명훈이가 목성의 위성 이오를 보며 "그리스 신화에서 이오가 나왔는데요."라고 이야기 한다. "이오가 누군데?"라고 묻자 "강의 신의 딸이에요." 한다. 또한 가니메데, 에우로파 위성에서도 연관성을 찾아내는 것을 보고 만화라고 무조건 안 좋다는 생각은 옳지 않다는 것을 알았다.

그러나 만화책의 단점은 완성도 있는 문장보다는 '끄덕끄덕', '벌떡', '헉', '뜨악' 같은 짧은 단어로 어휘력 향상에 영향을 끼친다는 점이다. 그래서 명훈이는 자기 전 저녁 시간에는 만화책을 보지 못하게 하였고, 명도는 아침 시간에 만화책을 보지 않는 것으로 조율을 했다.

아이들의 특성상 반복해서 책을 보는 이 시기(영유아기)는 가능하면 책을 구입하는 것이 좋다고 생각한다. 우리는 다행히 책을 물려받을 곳이 있었고 사고 싶은 책은 중고 서점을 이용하기도 했다.

전집들 중 마음에 드는 책이 있으면 몇 달이고 그 책들만 보았고 이제 그만 보려나 싶어 치우면 다시 찾았다. 또한 전집을 책꽂이에 꽂아 놓았지만 좀처럼 보지 않을 때도 있었다. 어떤 책은 한 달 후 혹은 두 달 후 책을 펼쳐 들기도 하였고 의도적으로 자기 전 한 권씩 읽어 주며 새로운 책을 접하게 하였다.

일곱 살이 되어서부터는 도서관에서 책 대여를 시작했다. 7세 전에는 도서관에 가서 책을 고르는 것을 어려워했고 아이가 산만했다. 또한 오직 만화책만 보려고 하여 도서관의 장점을 살리지 못해 이용을 자제했다. 영유아기 아이들의 책 읽기 특성은 반복이다. 그래서 그 특성을 잘 살려 책을 다독하는 것도 좋지만 아이가 책을 반복하여 읽음으로써 내용을 자기 것으로 만들고 이해하는 것이 더 중요하다.

계란탕 먹을래? 계란 프라이 먹을래?

아이들에게 선택과 결정을 일부 맡기기

"계란탕 먹을래? 계란 프라이 먹을래?"

아침 준비를 하며 명도에게 물었다.

"계란탕이요."

아이들에게 계란을 깨고 젓는 것 정도는 식사 준비로 참여시킨다.

"계란 깨게 오세요."

명훈이가 잽싸게 달려온다.

"엄마, 오늘은 형아보다 내가 먼저 왔어요."

"그래. 먼저 해. 각자 2개씩 깨뜨리면 돼."

명훈이가 테이블에 계란을 톡톡 쳐 금 간 부분에 양손의 엄지손가락을 넣고 반으로 계란 껍데기를 갈라 냄비에 넣는다. 2개를 후딱 하고 간다. 반면 7살 명도는 아직도 계란 깨기가 서툴러 계란 껍데기 조각들이 몽땅 냄비에 들어가 있다. 손으로 하는 것은 언제나 명도에 비해 명훈이가 아주 빠르게 터득하고 섬세했다.

밥을 먹고 화장실에 갔다 나온 명훈이가 옷 방으로 들어가 문을 닫는다. 잠시 후 문이 열린다.

"엄마, 내가 옷이 젖어서 갈아입었어요."

"잘했어. 근데 어디가 젖었어?"

그러자 부엌을 말없이 나간다. 벗어 놓은 옷을 만져 보니 젖어 있지는 않았다. 옷소매를 보니 밥 먹다 입을 닦은 자국만 보인다. 명훈이는 만 3세가 되면서부터 자기 마음에 들지 않으면 옷을 스스로 갈아입기 시작했다. 다양한 이유로 스스로 판단하고 결정을 하였다. 내심 스스로 옷을 입은 게 기특하기도 했지만, 하루에 몇 번이고 갈아입는 모습이 힘들기도 했다.

"무슨 옷 입을 거야?"

티셔츠 2벌을 들고 둘 중 하나를 선택할 수 있게 물었다. 특히 명훈이는 자신이 좋아하는 옷이 따로 있었고 그것만 입으려고 하였다.

"이거요."

아이들에게 선택의 결정권을 주지만 선택의 폭은 2~3개로 좁혀서 묻는 것이 아이가 빨리 선택하게 할 수 있고 자신이 결정했기 때문에 불만이 없다.

6살 딸아이를 키우고 있는 친구가 "아침이면 머리 다 묶어 줬는데 다시 풀어 자기가 원하는 대로 새로 묶고, 옷 때문에 몇 번을 벗고 새로 입고 몇 십 분을 쓰는지 모른다. 요즘 걔 때문에 못 살겠다." 한다.

아이는 이제 모든 것을 결정할 수 있을 만큼 자랐다. 아이가 결정할 수 있게 조금만 배려하면 된다. 사실 4살만 되어도 여자아이들은 패션과 머리 모양에 관심이 많다.

"머리 묶기 전에 미리 물어봐. 오늘은 어떤 스타일로 원하느냐고. 그럼 두 번 하는 일이 없지"

"옷은?"

"옷도 네가 원하는 옷이 있을 것 아니야? 그거랑 아이가 원하는 옷이랑 둘 중 하나를 고르게 해서 선택권을 줘. 그럼 자기가 결정을 했기 때문에 불평이 없지."

그런데 이런 적이 있었다. 무더운 날씨인데도 명도가 5살 때 스파이더맨 옷을 입고 가면을 쓰고 외출을 하고 싶어 했다.

"명도야! 가면은 벗고 가는 게 어때? 더울 것 같은데"

싫다고 우기는 명도 때문에 우리는 차를 타고 영화를 보고 쇼핑을 하는 동안 스파이더맨이 된 양 슝슝 날아다니는 명도를 지켜보았다. 그다음 날부터 가면은 쓰지 않겠다고 하였다. 또한 계절이 맞지 않는 옷을 입고 외출을 하고 싶어 하는 경우도 있고 비가 오지 않는 날도 장화를 몇 날 며칠을 신고 돌아다니는 일도 있었다. 하지만 어른들이 보기에 이상해 보일 뿐 아이의 눈에는 아무 문제가 없는 패션이다. 그리고 분명 나름의 이유가 있다. 그럴 땐 아이의 의사를 존중해 주고 지금 그 모습을 조금만 지켜봐 주고 기다려 준다면 커서는 하라고 해도 하지 않는다. 그저 성장하는 과정이다.

지금까지의 삶을 뒤돌아보면 끝없는 선택과 결정으로 지금의 나와 나의 삶을 만들었다. 싫어도 좋아도 내가 선택해서 내가 만든 삶이다.

아이를 키우며 아이를 위한 것이라 여겨 많은 선택과 결정을 하며 아이 인생의 길잡이가 되어 주기 위해 노력하던 중 오래전 『빵장수 야곱의 영혼의 양식』이라는 책에서 야곱이 한 말이 생각났다.

"부모의 역할에서 가장 큰 도전은, 자기 스스로가 자식들이 커서 되기를 바라는 그런 사람이 되어야 한다는 것이다."

아이에게 있어서 부모라는 존재는 싫어도 좋아도 가랑비에 옷 젖듯, 아이에게 가랑비가 되어 많은 영향을 준다. 내가 하지도 못하는 무리한 것을 아이에게 요구하는 부모가 아니라 내가 먼저 하며 그 모습을 아이가 따를 수 있도록 하는 부모가 되는 게 쉽지는 않지만, 그렇게 해야만 한다는 의미를 부여해 준 글귀였다. 결국 아이를 위한 것처럼 보이지만 나를 위해 그렇게 해야만 한다.

엄마, 내가 만화를 썼어요!

기쁨으로 다가오는 경험이 배우고자 하는 욕구를 만든다

"엄마, 내가 만화를 썼어요." 하며 명도가 부른다. 가서 보니 화이트보드에 명훈이와 손을 잡고 그림을 그리고는 글을 써 놓았다. 그리고 큰 소리로 읽는다.

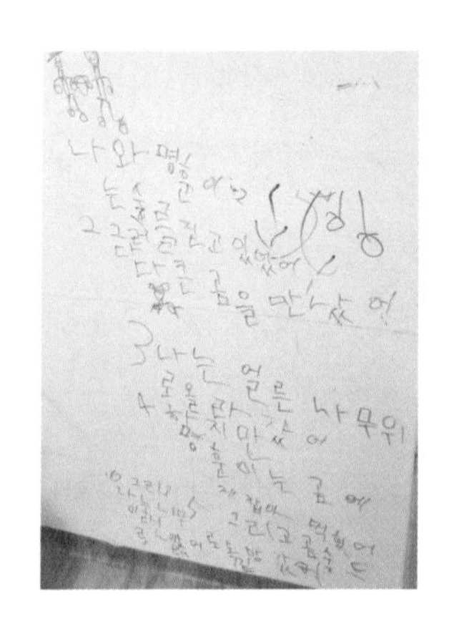

1. 나와 명훈이는 숲을 걷고 있었어.

2. 그러다 큰 곰을 만났어.

3. 나는 얼른 나무 위로 올라갔어.

4. 하지만 명훈이는 곰에게 잡아먹혔어.

5. 그리고 곰은 숲으로 도망갔어.

6. 그리고 나는 나무 아래로 내려왔어.

끝.

이번엔 옆에 있는 명훈이가 말한다.

"뭐야. 형아는 나빠."

콧김을 내뿜으며 씩씩거리고 있는 명훈이의 모습을 보며 명도가 웃으며 말한다.

"내가 작가니까 내 마음이지."

"명도야! 그래도 동생이 곰에게 잡아먹히면 되겠냐? 너무 했다."

"그래도 엄마, 잘 썼죠? 내가 처음 만든 만화예요."

명도가 매우 자랑스러워 한다.

물론 틀린 글씨는 고쳐 주었고, 글씨가 틀렸다 맞았다에 초점을 두기보다는 이야기를 만들고 글을 썼다는 것에 대해 많은 칭찬을 해 주었다. 이렇게 결과만 보니 그냥 저절로 글씨를 쓰게 된 것처럼 보이지만 사실 명도와 함께 있으면서 한 활동 중에서 가장 힘들었던 것이 바로 한글 쓰기였다.

너무나 하고 싶어 하지 않았기 때문이다. 앉아서 연필을 잡고 있는 것조차도 괴로워했고, 한 글자 쓰고 딴짓, 한 글자 쓰고 딴짓을 하며 도무지 집중을 하지 못했으며, 몇 자 쓰고 나서는 손이 아프다, 등이 가렵다, 땀이 난다, 팔이 아프다 등 글자를 쓰지 않으려 하는 이유도 다양했다.

정말이지 쓰기를 학교에서 전적으로 담당해 준다면 이름만 가르쳐 아이를 학교로 보내고 싶었다. 그런데 초등학교 입학을 준비하지 않을 수가 없었다. 2015년 교육 과정에서 한글 교육을 27시간만 한다는 뉴스와 초등 교사들도 학생 대부분이 한글을 읽고 쓰고 오기 때문에 별도의 교육을 하지 않는다는 이야기를 들었기 때문이었다. 더불어 학교에 가자마자 알림장에 글씨를 써야 한다는 사실을 알고 현실을 보지 않을 수는 없었다. 또한 아이들이 학교에서 기본적으로 40분간은 의자에 앉아 있을 수 있게 미리 연습이 필요한 것이었다. 그래서 한글 쓰기는 아이의 입학을 위해 반드시 필요한 과정이었다.

2015년 개정 교육 과정을 통해 2017년부터는 1학년 1학기 한글 교육 시간을 27시간에서 45시간으로 확대하며 한글 교육을 공교육에서 책임지고 연필 잡기부터 체계적으로 맡아 한다고 하니 명훈이 걱정은 한시름 놓게 됐다.

명도에게 처음 한글 쓰기를 시작한 건 『썼다 지웠다』 책을 시작으로 자음과 모음을 연습하고 처음은 5분을 넘지 않게 시작하여 시간을 10분, 15분으로 늘려 나갔다. 그리고 글자 쓰기 연습은 글자의 짜임을 고려해 받침 없는 글자부터 명도가 쓰고 싶은 단어를 중심으로 하였고 그 단어를 중심으로 한 단어씩 추가하여 문장을 만들어 나갔다.

"마트에 가서 오늘은 우유를 살 거야."

아이가 '우유'를 잘 쓸 수 있게 되면 하나를 더 추가했다.

"오늘은 마트에 가서 우유랑 또 음료수로 뭘 살까?"

그러면 아이는 "요구르트." 한다. 그 다음 날은 치즈, 아이스크림, 새우를 추가하여 '나는 마트에 가서 우유, 요구르트, 치즈, 아이스크림을 샀다.'와 같이 마트에서 장을 보는 이야기로 과일, 생선, 정육으로 단어를 확장해 나갔다. 단어는 스스로 쓸 수 있을 때까지 일주일 혹은 2주 정도 계속 반복하였다.

또한 의자에 오래 앉아 있는 것도 연습이 필요한 일이어서 15분간 쓰기를 한 날은 그다음 날 한글 쓰기를 시키지 않았고 주 2~3번만 쓰기를 하였다. 물론 주 2~3회였지만 그마저도 초기에는 웃으면서 흔쾌히 쓴 적이 없었다. 웃으면서 쓰기를 시작한 것은 학교 입학을 2달 남겨 놓고 학교 갈 날이 다가오자 아이가 해야겠다고 스스로 생각하기 시작하면서부터였다.

그런데 명도가 스스로 글자를 쓸 수 있게 되면서 얻는 기쁨을 알기 시작했다. "엄마! 내가 글자를 쓸 수 있어 다행이에요. 만약 못 썼다면 이런 글도 쓸 수 없었을 거야." 하며 뿌듯해 했다.

물론 명도가 초등학교에 입학할 때의 쓰기 능력은 받침 없는 글자를 쓸 수 있는 수준이었다.

결국 배움이란 처음부터 쉬운 것은 하나도 없는 것 같다. 만일 아이가 하기 싫어한다고 내가 포기했다면 지금의 결과는 얻을 수 없었을 것이다. 어떻게 할지 방법을 찾아보고 천천히, 조금씩, 꾸준히 하는 게 중요했고, 실생활에 필요하고 사용했을 때 기쁨으로 다가오는 경험이 배우고자 하는 동기를 부여하는 것이다. 아주 먼 미래가 아니라 지금 당장 아이가 사용할 수 있는 것들이 중요하다.

산딸기예요!

전업주부 vs 워킹맘

"오늘은 비 온다고 하니까 비옷 입고 밖에 나가 비 맞고 놀자."

"엄마, 좋아요. 엄마, 고맙습니다. 고맙습니다."

아이 둘 다 환호와 함께 온몸을 들썩인다. 비가 오는 날에는 우산을 쓰고 아이들과 자주 산책을 한다.

장마가 찾아온 7월 초. 비가 오고 있긴 하지만 시원하게 오지는 않아 가뭄을 해소하지 못하고 있다. 분명 비옷을 입히고 장화를 신겨 내보낼 때는 가랑비가 내렸건만 챙겨서 나와 보니 아이들은 웅덩이에 들

어가 장화 속까지 물을 채우고 흙탕물을 반쯤 뒤집어쓴 상태이지만 더 이상 비가 내리지 않았다.

고민하다 집 뒤 계곡으로 발걸음을 옮겼다. 한참을 걷다 보니 "엄마! 산딸기예요."라고 명도가 소리를 지른다.

빨갛게 잘 익은 열매 위에 빗방울이 맺혀 윤이 반지르르하게 나는 것이 먹음직스러웠다. 그것을 놓치지 않고 재빨리 명훈이가 산딸기를 따서 입속에 넣는다. 밥 먹는 속도는 명도의 2배 아니 3배가 걸리지만, 과일은 언제나 그렇듯 속도가 빠르다. 그러자 명도가 "너! 내가 먹으려고 했는데…." 하며 소리를 지른다.

다행히 곳곳에 잘 익은 산딸기들이 매달려 있다. "It's a raspberry. Do you like raspberry?"라고 묻자 명훈이가 "Yes." 하며 따서 입속에 넣기 바쁘다.

그렇게 산딸기를 따 먹고 웅덩이에 고인 물에 첨벙거리다 보니 계곡에 도착했다. 온 김에 가재를 잡기 위해 다리 밑으로 내려갔다. 작은 돌멩이를 들추자 숨어 있던 가재가 헤엄쳐 멀리 도망가는 모습이 보인다. 아쉬워하며 다른 돌을 들추는 명도 옆에서 명훈이도 돌멩이를 들춘다. 집게발 두 개를 곧추세우고 당장 공격할 기세로 덤비는 가재를 보며 "형아! 가재!" 하며 다급하게 부른다. 명도는 가재 뒤로 손을 넣어 등을 잽싸게 잡으며 "명훈아 고마워!" 하며 행복하게 웃는다. 아직 가재를 손으로 잡지 못하는 명훈이가 "형아! 내가 찾아줬지." 하며 흐뭇하게 웃으며 말한다.

작은 돌멩이로 얕은 물 위에 울타리를 만들어 가재를 잡아넣어 두었다. 그렇게 가재를 잡고 소금쟁이도 잡고 배가 고플 때까지 놀다 잡은

가재와 소금쟁이는 다음에 다시 와 잡기 위해 놓아주었다. 아주 때를 잘 맞춰 나와 아이들의 눈과 입이 즐거운 산책길이었다.

많은 전업주부가 워킹맘을 부러워하듯, 워킹맘 역시 전업주부가 부럽기는 마찬가지다. "나는 전업주부가 되는 것이 소원이다."라는 워킹맘도 봤다. 그러나 워킹맘이든 전업주부든 아이들을 양육하는 데 있어서 그 자체가 중요한 건 아니라고 생각한다. 24시간 내내 아이와 함께 시간을 보내도 엄마에게 아무런 교육 내용이 없고 오히려 우울증에 시달린다면 아이에게 엄마와 함께 있는 것 자체가 무의미할 것이다. 또한 엄마에게도 정신적으로나 육체적으로 고통스러운 일이 될 수 있다. 어떤 가치관으로 아이뿐 아니라 가족의 행복을 만들어 갈 건지가 더 중요하다.

어린이집이나 유치원에서 돌아온 후와 주말 시간을 합하면 아이들은 엄마든 아빠든 부모와 함께 있는 시간이 절대 적지 않다.

엄마가 워킹맘이다, 아니다가 문제가 아니다. 얼마든지 토요일 오후 집 근처 공원을 산책하며 민들레 홀씨를 불어 볼 수 있고, 강아지풀을 뿌리째 뽑아들며 수염뿌리인지 확인할 수 있다. 일요일은 놀이터에 나가 옷을 버릴까 봐 조심하지 않고 두 손 두 발로 뛰어보고 만져볼 수 있도록 해 주는 것만으로도 아이를 성장시킬 수 있고, 매일 밤 서너 권 혹은 그게 어렵다면 단 한 권의 책을 읽어 주는 것만으로도 아이의 상상력을 키워 주고, 아이의 이야기를 들어 주고 눈을 마주치고 안아 주는 것만으로도 아이는 쑥쑥 자란다.

아이와 함께 있는 시간을 어떤 방향으로 잡고 나갈지가 부모의 몫이자 아이들의 행복을 키워 나가는 키워드다.

하늘의 구름을 찍고 싶어요

조급해 하지 말고 여유롭게 지금을 즐기고, 사랑하고, 믿자

아이들 목에 카메라 하나씩을 걸어 주고 깊어 가는 가을을 담기 위해 불갑사에 왔다. 차에서 내리기 전 아이들에게 이야기한다.

"오늘은 카메라로 자기가 좋아하고 찍고 싶은 거 찍기 해 보자."

차에서 내리자마자 나무 밑에 심어 놓은 꽃들 위에 더 늦기 전 꿀과

꽃가루를 모으기 위해 모인 벌들과 곤충들이 보인다.

명도의 관심은 카메라 렌즈를 보며 확인할 수 있었다. '찰칵찰칵' 명도가 찍은 사진 속에는 꽃등에가 꽃에 앉아 있거나 나비를 쫓는 사진이 담겼다. 명훈이는 "엄마! 하늘의 구름을 찍고 싶어요." 그러더니 하늘을 향해 셔터를 누른다. 예쁜 꽃과 파란 하늘에 걸쳐 있는 구름과 구름 사이에 비치는 햇살이 담겨 있는 카메라를 내민 명훈이의 사진에서 명훈이의 시선을 엿볼 수 있었다.

그렇게 천천히 숲길을 걷고 낙엽을 밟으며 아이들은 낙엽과 나무를 카메라에 담아내고 간식을 먹고 나뭇가지를 헤치며 놀더니 명도가 나뭇잎 한 장을 손에 들고 달려온다.

"엄마! 이거 누에나방의 누에고치인 것 같아요."

명도가 책 읽기를 독립하면서부터는 내가 책을 읽어 주는 횟수가 줄었고 7살이 되면서부터는 자기 전 위인전을 읽어 주는 것을 빼고는 따로 책을 읽어 주지 않았다. 또한 명도가 원하는 『Why?』 책을 사 주면서부터는 더욱이 명도의 관심 분야를 내가 함께 따라가지 못하고 있는 터라 알 수가 없었다. "그래? 집에 가서 찾아보자!"라는 말이 떨어지기 무섭게 "집에 가요." 한다.

사실 일주일에 한두 번은 집 근처에 있는 곳에 차를 타고 가 현장 학습 겸 자연 놀이 학습을 하는 것을 계획한다. 그럴 때마다 집에 돌아가는 시간이 항상 문제였는데 오늘은 내가 원하는 적절한 시간에 집으로 돌아가게 되었다.

집에 도착하자마자 『Why? 곤충』책을 펼쳐 나뭇잎과 책을 번갈아 가며 비교하는 명도.

"엄마! 이거 맞는 것 같지요?"

"글쎄. 비슷하지만 좀 다른 것 같다."

"맞아요."

명도가 확신에 찬 눈으로 관찰하며 또다시 책을 본다.

이른 봄 개구리 알집이나 도롱뇽 알집을 발견하고, 여름에는 곤충을 볼 수 있었다면 초가을부터 늦가을에는 또 다른 새로운 것을 발견할 수 있는 계절이다. 사마귀 알집을 발견하거나, 노랑쐐기나방 고치, 이름 모를 벌레들의 알집을 발견하면 추측하거나 상상하는 것만으로도 아이들에게 좋은 놀이가 된다. 또한 사진 찍기 놀이는 아이들에게 공간 감각을 키워 주고, 어른들의 눈에 잘 보이지 않는 아이의 새로운 시각과 관심 사항을 발견할 수 있는 놀이다.

많은 이들이 이렇게 아이들과 함께 하는 미술 놀이나 자연에서의 놀이 등을 블로그를 통해 세상에 알리고 다른 사람들과 소통하라고 나에게 조언하지만 두 아들과의 하루를 컴퓨터 앞에 앉아 다듬고 포장하는 것이 나에게는 매우 버거운 일이었다. 무엇보다 이는 아이들과 놀아 줄 시간을 줄여야만 가능한 일들이었다.

요즘 많은 사람들이 SNS를 통해 육아 정보를 공유하고 나누다 보니 의도적으로 누군가에게 보여 주기 위한 육아를 하는 사람들도 보인다. 물론 그 정보 덕분에 아이 엄마들은 손쉽게 원하는 정보를 얻는 것도 사실이다. 그러나 누군가에게 보여 주기 위한 육아는 위험하다.

더러는 홈스쿨링을 하는 명도를 보며 커서 사회성이 떨어지고 학교 생활에 적응하지 못할 것을 염려하는 이들도 있었다. 그러나 명도가 초등학교 1학년 여름방학을 마치고 2학기에 담임 선생님과 상담을 하며 "유치원이나 어린이집에 오래 다닌 아이들은 학교생활을 지쳐 하는

데 명도는 학교생활을 정말 좋아하고 모든 활동에 적극적이고 눈이 반짝반짝해요."라고 말씀하셨다. 더불어 "그래서 명도를 보면서 굳이 유치원을 다니지 않고 학교에 가는 것도 좋다고 생각했어요." 하셨다.

상담 중 뜻밖의 이야기를 들으며 내가 해 왔던 교육이 틀리지 않았으며 우려하고 걱정할 필요가 없다는 확신이 들었다.

지금 이 순간을 소중히

눈과 눈을 마주하고

소리에 귀 기울여 함께 웃고 함께 들으며

조급하게 여기지 말고

여유와 넉넉함으로

지금을 즐기고 사랑하고 믿자

지난날 아이들과 함께 있는 시간 동안 얻은 결론이다. 그래야만 아이를 그 누구와도 비교하지 않고 온전히 사랑하고 믿을 수 있다. 한두 번 잠깐은 할 수 있는 일이지만 언제나 아이와 함께 있는 엄마는 이렇게 마음을 챙겨야 행복한 시간을 만들 수 있다. 아이를 위해서, 가족을 위해서, 결국 나를 위해서….

끝으로 미국 제35대 대통령 존 F. 케네디의 어머니 로즈 케네디는 "나는 아이 키우는 것을 부모의 의무만이 아닌 하나의 지적인 작업으로 봅니다. 그것은 세계의 어떤 명예로운 전문직 못지않게 흥미롭고 도전적이며, 내가 가진 모든 재능과 능력, 모든 힘을 요구하는 일입니다."라는 말을 했다.

아이들을 키우는 모든 엄마들이 지금 자신이 하고 있는 일에 긍지와 자부심을 가지고 당당하게 자존감을 높였으면 한다.